皇后那拉氏

走进真实历史上的『如懿』

菩提子 著

中国华侨出版社

图书在版编目（CIP）数据

皇后那拉氏：走进真实历史上的"如懿" / 菩提子著 .—北京：
中国华侨出版社，2017.7
ISBN 978-7-5113-6890-4

Ⅰ.①皇… Ⅱ.①菩… Ⅲ.①乌拉那拉氏·如懿—传记
Ⅳ.① K827=49

中国版本图书馆 CIP 数据核字（2017）第 139568 号

皇后那拉氏：走进真实历史上的"如懿"

著　　者 / 菩提子
责任编辑 / 桑梦娟
责任校对 / 高晓华
经　　销 / 新华书店
开　　本 / 670 毫米 × 960 毫米　1/16　印张 /17　字数 /237 千字
印　　刷 / 三河市华润印刷有限公司
版　　次 / 2017 年 8 月第 1 版　2017 年 8 月第 1 次印刷
书　　号 / ISBN 978-7-5113-6890-4
定　　价 / 35.00 元

中国华侨出版社　北京市朝阳区静安里 26 号通成达大厦 3 层　邮编：100028
法律顾问：陈鹰律师事务所
编辑部：（010）64443056　　64443979
发行部：（010）64443051　　传真：（010）64439708
网　　址：www.oveaschin.com
E-mail：oveaschin@sina.com

序

　　清朝后宫史上有一位性格刚烈、不媚于流俗的人物：乾隆皇帝的继后那拉氏。

　　她能够从一个多年不受皇帝宠爱的妃子变身为后宫的女主人，本身就充满传奇。在那个时代，能够飞上枝头做凤凰，做一人之下、万人之上的皇后是所有女人梦寐以求的事情。

　　让所有人感到意外的是，乾隆三十年（1765年）闰二月十八日，皇后那拉氏在陪皇帝南巡的途中忽然"触犯国俗"，绝然剪去满头青丝，从而惹得朝野震惊，流言四起。

　　如此刚烈决绝，不但放眼古代后宫异常罕见，即便是现代社会的新女性，也未必有这样的勇气。

　　对此，乾隆皇帝解释为"性忽改常""迹类疯迷"。

很明显这是搪塞之词，在他的雷霆之怒下，不但皇后本人下场凄凉，母族受累，甚至祸延他们唯一的儿子永璟。即便是一些为皇后鸣冤叫屈的大臣们，也有的被发配边疆、有的被斩决弃市！

在电视剧《还珠格格》中，她是气量狭小、可怜又可恨的反面人物；在流潋紫的小说《后宫如懿传》中，她是从乌喇那拉·青樱到乌喇那拉·如懿的蜕变。

然而，无论是清朝还是现代的文学艺术家们在描述皇后那拉氏时，基本着眼于男女爱情的角度。笔者以为，想要全面而又相对公允地了解一个人，不妨从当时的大背景以及她周围的环境、人物等入手，或许能够还原出历史上曾经发生的事情。

本书作者从正史的角度，以时代为经，事件为纬，力图严谨而又不失趣味地写成本书，如有不到之处，还请读者和专家指正。

目录
contents

第一章　诞生世家

　　清康熙五十七年二月初十日（1718 年 3 月 11 日），天色阴沉，近午时分忽而飘起了雪花，纷纷扬扬地洒落在屋脊、树木、街道上，到处一片雪雾茫茫。

　　镶蓝旗满洲第三参领第一佐领衙署，乌黑油亮的大门在雪色的映衬下分外醒目，站在两侧值班的兵勇被寒意侵袭，不时跺一跺僵冷的双脚。

　　后院书房，佐领讷尔布焦急不安地踱来踱去：夫人郎佳氏早上就有了生产的征兆，直到现在还不见分娩。

　　天色苍茫，时间仿佛停滞……终于，一声微弱的婴儿啼哭声传来，他快步如飞直奔产房而去。

　　只见郎佳氏安然躺在锦被之中，疲惫至极的脸上带着满足的微笑。产婆见状，忙喜滋滋地上前汇报了"母女平安"的消息。

　　讷尔布不由喜上眉梢，连连说了几声"好"，吩咐管家发放了赏钱。

也难怪他如此开心，一则家人安好，平安是福；二则他们夫妇先前已经有了一个儿子讷礼，现在又添了一个女儿——有儿有女，分明就是个福禄双全的"好"字。

按照清朝规制，讷尔布的世管佐领职位必定由儿子讷礼继承；至于这个女儿，将来少不了进宫选秀：也许做了皇帝的妃子，也许指给哪位贝勒贝子做福晋、侧福晋，再不济也会有家世相当的少年公子与她相配。

人生至此，夫复何求呢？

讷尔布端详着襁褓之中呀呀哭泣的女儿，但见她眉眼细长，樱唇小口，却是个十足的美人胚子。他想不到，未来的某一天，此女将坐镇中宫母仪天下；他更想不到，她温婉娴静的外表下掩藏着一颗刚烈的心，不惜以自断青丝的方式来挑战皇帝的权威。

如此激烈的举动，堪称清朝后宫第一人！

她就是清朝乾隆皇帝的继后，那拉氏。

想要全面了解皇后那拉氏的一生，我们就要从她的家庭以及辉发家族和清朝皇室的渊源说起。

辉发那拉氏的祖先名叫星古力，本是黑龙江尼马察部人氏，姓益克特里。后来迁徙到了扈伦人的居住地渣鲁，为了适应当地的民情风俗，便改姓为那拉氏。

传至七世以后，首领王机砮兼并了当地零散小部落，在辉发河岸的扈尔厅山筑城建国，自称"辉发国贝勒。"

这就是辉发那拉氏的由来。

在扈伦这片广袤的土地上，它和乌喇、哈达以及叶赫共同组成了"扈伦四部",一起繁衍生息、发展壮大。它们都以那拉氏为国姓,彼此独立而又互通消息。

可惜的是,辉发贝勒王机砮的长子早早去世;王机砮死后,他的孙子拜音达里为取得首领继承权,便杀死了七位叔父,为日后部落的灭亡埋下了祸根。

与此同时,建州女真首领努尔哈赤异军突起,以 13 副铠甲起兵,开始了兼并女真各部之举。而身为海西女真的扈伦四部担心危及自身,他们决定先下手为强。

明朝万历二十一年(1593 年)夏天,拜音达里率领辉发部族参加了以叶赫为首的九部军事联盟,向努尔哈赤发动军事进攻。结果却是大败而归,叶赫贝勒被斩、乌喇贝勒被擒,他和科尔沁贝勒侥幸捡回了一条命。

面对如此沉重的军事打击,拜音达里终于认清了形势,明万历二十五年(1597 年)的正月,他和叶赫等部一起向努尔哈赤派遣使臣以示"臣服"。

随着双方关系的缓和,竟然给爱新觉罗和辉发那拉两个家族制造了某种奇妙的缘分。

原来,拜音达里杀害七位叔父后,他的堂兄弟们便率领部分族人逃到叶赫部落寻求庇护。几年之后,他们和辉发部落的同情派里应外合,谋划携手推翻拜音达里的统治。

拜音达里对此感到非常恐惧,思前想后决定利用外援。于是他将手下的"七臣之子"送往建州做人质,请求努尔哈赤出兵剿灭"叛乱。"

对此,努尔哈赤求之不得,痛痛快快地答应了拜音达里的请求，派出 1000 余名士兵 "攻破叛变的辉发村庄，抚定尚未叛逃去叶赫之人"。

叶赫贝勒见此情景非常不高兴，于是就和拜音达里谈判："咱们两部联盟，你给我质子，我还你叛徒。"

拜音达里一琢磨，认为这样做将再无后顾之忧，就高高兴兴地撤回了建州努尔哈赤那边的"质子"，并且将自己的儿子送给叶赫当"质子"。

让他没有想到的是，叶赫贝勒破坏了辉发那拉和建州女真的联盟后，并没有如约归还那些叛徒。

这真是，终日玩鹰却被鹰啄瞎了眼！拜音达里无奈之下又找到了努尔哈赤："上次的事情都是纳林布禄（现任叶赫贝勒）欺骗了我，从此以后我对您再无二心。为了表示结盟的诚意，希望您将女儿嫁给我做妻子。"

从常理上说，根据拜音达里之前的背叛行为，努尔哈赤不应该轻信他做出的承诺，但是为了分裂扈伦部族，他决定再次相信：只要有了姻亲关系的保障，拜音达里不会轻易食言。

然而令人大跌眼镜的一幕发生了，拜音达里居然又一次违约，他始终没有前去迎娶努尔哈赤的女儿。

努尔哈赤强忍怒气，派了使者责问他："从前你协助叶赫举兵侵犯于我，我不但原谅了你，还答应了你的提亲。现在背约不娶，是什么缘故？"

拜音达里是这样回答的："我的儿子现在还在叶赫部落当质子，等我设法接回他以后一定前去迎娶您的女儿。到时候，咱们再具体商议联盟的事情。"

努尔哈赤听了使者带回来的消息，心想：人家说的话也有几分道理，权且等之，看他如何！

事实上，被夹在建州女真和叶赫中间的拜音达里两边都不想得罪，两边都不想联盟。他一边糊弄努尔哈赤争取时间，一边想办法从叶赫那边弄回了自己的儿子。在这期间他加快城防建设，"筑城三重"赖以自重。

当拜音达里认为自己有足够的能力与之对抗的时候，便彻底背约，再也不搭理"老丈人"努尔哈赤。

古人曾经说过这样一句话：天子之怒，伏尸百万，血流千里。身为清王朝的奠基人，清太祖努尔哈赤的威名难道是妄得的吗？

在拜音达里自以为得计，玩弄小把戏的时候，努尔哈赤也没闲着。他一面以最大的耐心等待对方实践诺言，一面武装夺取了扈伦四部中实力最为强大的哈达部落。

明万历三十五年（1607年）秋九月，努尔哈赤率军征讨辉发部落。"仇人"见面，分外眼红！拜音达里据城死守，努尔哈赤则率军攻打了三天三夜。到了最后，"城破，拜音达里及其子死，辉发亡"。

随后，乌喇和叶赫两部也陆续被努尔哈赤兼并，那拉氏自此"亡国"。

说到底，努尔哈赤并非偏安一隅的枭雄，为了图谋天下，他将兼并后的大小部落全部录入八旗委以重用，让其成为最精锐的军事力量。

而辉发那拉氏也并非就此亡族，根据《钦定八旗通志》记载，王机砮的另外三个孙子，莽科、通贵以及萨碧图率族投奔了努尔哈赤，全部被编入八旗并授予骑都尉一职，兼了佐领。

其中，通贵被编入镶红旗，萨碧图和莽科被编入了镶蓝旗。而莽科就是辉发那拉皇后的高祖父，他被授予的具体职位是镶蓝旗满洲第三参领第一佐领。

佐领是八旗军的基本单位，在八旗体制内相当于今天的正县级干部，但是官制却是堂堂的正四品官员。

莽科和所有的八旗佐领一样，为清朝皇室栉风沐雨，出生入死。他挣下得这一份家业，传到讷尔布那里已经足足袭了四世——第三任佐领是讷尔布的哥哥罗多，当他升职为右卫护军参领之后，就由讷尔布接替了这份世职。

这种世袭的方式，叫作世管佐领（另外还有一种勋旧佐领，也是世袭制，高于世管佐领）；与之相对应的，叫做公中佐领。二者的区别在于，世管佐领是满清勋旧家族权力的长期世袭制，而公中佐领则是由国家量材授予官职。

实际上除了清王朝建国之初，由各佐领拨出"余丁"增编后组成的"杂牌军"是国家（旗主）任命公中佐领，其余的基本是代代世袭。

按照当时的社会制度，讷尔布家族世世代代享受荣耀！

这是清朝爱新觉罗皇室和昔日勋旧功臣们达成的某种默契，他们相互扶持、彼此依靠，构成了清王朝的政治金字塔。

参考资料：

1.《清史稿·列传一·后妃》

2.《钦定八旗通志》

3.《永吉县志》

4.《八旗满洲氏族通谱·卷二十四》

5.《清稗类钞》

6.《努尔哈赤全传》

7.《清史稿·卷二百二十三·列传十》

第二章　奉旨备选

　　时光飞逝，在懵懂与快乐之中那拉氏很快告别自己的童年时代。仿佛是一夜之间，她便褪去了小女孩的青涩，出落得比严冬里的映雪红梅还要冷艳几分。

　　雍正十一年（1733 年），那拉氏 15 岁，朝中传来了"明年挑选秀女"的旨意。其实，古代封建社会的皇室婚姻历来和政治脱不了关系，清朝皇室亦不能免俗。

　　从清太祖努尔哈赤时代起，便屡屡联姻女真各部扫清前行的障碍；清太宗皇太极也不例外，为了加强了满蒙联盟，他的十几名妻妾就有一半来自蒙古部落。

　　清世祖顺治皇帝 6 岁登基时，爱新觉罗氏已经坐拥天下，此时的清朝需要完整的制度确保国家的有效运作，尤其是涉及皇室婚姻更不能掉以轻心，往往体现了统治者的治国理念。

　　比如同样是遴选秀女，明朝开国皇帝朱元璋担心前朝大臣和后宫诸妃勾结于国不利，因此要求天子及亲王之后妃"戒勿受大臣所进"，将选妃的目标放到了毫无政治背景的民间女子身上。

而清朝皇室恰恰相反，他们不但没有这方面的顾虑，反而希望借助联姻的机会笼络各方巩固统治，也就讲究所谓的"诞育名门、祥钟华阀"。

基于这种考虑，清朝后宫在承袭明朝的基础上，略加变化形成了自己独有的选秀女制度：

"凡满、蒙、汉军八旗官员、另户军士和闲散壮丁的女儿，年至十三岁时，都要参加每三年一届的挑选秀女，直到十七以后'逾岁'，方可不必参加。"

如此，清代的选秀便圈定在了八旗之家，被选中者也许充入后宫成为皇帝后妃群中的一员；也许被皇室栓婚成为皇子皇孙们的福晋、侧福晋，或者等级稍低的格格使女；也许被指婚给皇室亲王、郡王的儿子们。

就这样，清朝皇室和八旗贵族的命运通过联姻的手段紧紧捆绑在一起。

至于皇后，门第要求则更加严格："选立皇后，作范中宫，敬稽典礼，应于内满洲官员之女，在外蒙古贝勒以下、大臣以上女子中，敬慎选择。"

在这样的制度下，能够脱颖而出的秀女必定是门第和美貌皆备。

从上一章我们知道，继后那拉氏的父亲讷尔布是一个承袭祖荫的满洲八旗世管佐领，正四品官员。按理说像这样的官阶在清朝的官僚体系中列于中上等，优势并不是特别明显。

但是清王朝草创之时，面对一个完全陌生的庞大国家，皇室所能倚重的只有八旗勋旧，而满族出身的正身旗人身份更是与众不同。

我们不妨对清朝的八旗体系进行一番了解，就会明白继后那拉氏的家族在满洲八旗中占据了怎样的地位。

最初，清太祖努尔哈赤出于军事需要创建了八旗，分别是：正黄、正白、正红、正蓝；镶黄、镶白、镶红、镶蓝；每旗以牛录为基本单位，分别设置牛录额真、甲喇额真和固山额真——额真是满语，翻译成汉语就是"主"的意思。

清王朝正式建立以后，仿汉制将牛录额真改为佐领，甲喇额真改为参领（驻防各地的同级官员叫做协领），固山额真改称为都统。

八旗均设都统一人，副都统二人。名义上，都统是八旗的最高领导；事实上，八旗的真正主人是皇帝和皇室宗亲的贝勒贝子们，都统应该尽到的是辅佐之责。打个比方：如果说"旗主"是公司的董事长，都统就相当于公司的总经理。

后来，出于统治的需要，清世祖顺治皇帝将镶黄、正黄、正白三旗收归皇帝本人亲管，从此形成了上三旗。自然，由亲王、贝勒们掌管的镶红、正红、镶蓝、正蓝、镶白就是下五旗。

为了用少量的八旗军更好地管控全国，他们按照"居重驭轻、重点配置"的原则将八旗分成了两个部分。其一是禁旅八旗，驻扎在北京各个方位拱卫皇城；其二是驻防八旗，派往全国各地镇戍地方。

禁旅八旗也叫作京旗，以满洲八旗为主，同时又分为左翼四旗和右翼四旗。左翼四旗分别是镶黄旗、正白旗、镶白旗、正蓝旗，分别驻扎在安定门、东直门、朝阳门、崇文门；而右翼四旗则是正黄旗、正红旗、镶红旗、镶蓝旗，他们的驻扎之所依次是德胜门、西直门、阜成门、宣武门。

从中我们大致可以推断，那拉皇后的出生地应当在宣武门附近的八旗驻扎之所。

为了确保皇室和宗亲安全，他们又从满、蒙八旗中挑选出精兵强将组成了护军营。其中，从上三旗中挑选出来的人员组成皇帝亲兵，平时负责守护禁宫、稽查出入；当皇帝御驾亲征、外出巡查时则由他们扈从保卫。

同样的道理，出自下五旗的护军就负责亲王、贝勒们的王府守卫工作——譬如担任右卫护军参领的继后的伯父，罗多。

到了清世宗雍正时期，为了进一步将权力集中中央，开始不断地削减亲王贝勒们对各旗的控制力。在这样的情况下，下五旗的大部分精锐——旗分佐领也由皇帝本人控制，而此时的亲王贝勒们能够指挥的，恐怕只剩下府属佐领了。

也就是说，雍正时期的绝大部分八旗佐领受命于皇帝，成为了"直属部队"。那么，一个拥有若干八旗佐领的家族肯定算得上实力派。

比如此刻的辉发那拉氏，一门三佐领：继后的父亲讷尔布，堂兄萨赉和四格。

想想看，这样的佐领家族，加上一个护军参领是什么概念！更何况，继后的爷爷罗和曾经高居八旗副都统之位！

所以，继后的母家辉发那拉家族无疑可以称为清朝贵胄。如果说略有瑕疵的话，那就是镶蓝旗的下五旗身份。

俗话说，世事无完美。清王朝给予八旗勋贵荣耀的同时，也给了他们责任。

这些以满洲八旗为主的禁旅八旗，每逢战事就被皇帝派出作战，完毕后迅速撤归北京。而驻防八旗就是在这样的基础上形成的。雍正时期的驻防八旗，人员编制已经和禁旅八旗基本持平。

对此，雍正皇帝曾经说过："驻防之地，不过出差之所，京师乃其乡土。"

由于讷尔布经常出差，教育子女的重任自然就落到了女主人身上。郎佳氏身为满族贵妇，自然深谙其中之道。眼见女儿出落得百里挑一的容貌，知道避无可避，心想不如早做打算，也许会有一个好的未来。几年的工夫，竟将她调教得是温婉娴静，针织女红无一不通。

然而前途毕竟未卜，自古深宫多怨妇，数不胜数。唐代著名诗人李白曾经写过一首诗：

美人卷珠帘，深坐颦蛾眉。
但见泪痕湿，不知心恨谁。

即便是门第与美貌并重又如何？远的不说，清太祖努尔哈赤的大妃阿巴亥出身不俗，人又机敏漂亮，不是照样在皇室之争中落了个以身陪葬的下场？清世祖顺治的第一任皇后博尔济吉特氏，贵为蒙古科尔沁卓礼克图亲王吴克善之女、孝庄文皇后的亲侄女，最后也难逃冷宫凄凄、被降为静妃的命运。

如果说她们不够美貌，具有四大美女之称的王昭君又如何？只因贿赂不起画工毛延寿，本是千娇百媚的画像上平白多了一点泪痣，自此无缘君王面。

如果不是她有着绝尘而去的勇气，敢于破釜沉舟远走塞外，也许她将孤独终老，成为无数白头宫女中的一员。

皇宫大内，庭院深深，旁人看着是锦绣辉煌，谁又知道其中藏着多少鬼魅伎俩、心酸往事呢？

郎佳氏此时能做到的，只有告诉自己的女儿：不争、不妒，安分随和。

凉风习习，秋月无边，似有浮云掠过。大选的日子越来越近了，郎佳氏注视着女儿安然入睡的面容，听着她在梦中发出的无意识浅笑，竟是辗转难眠。

或远或近，院子里传来的虫鸣啾啾的声音。郎佳氏在梦中呢喃着：老爷，你说咱们的女儿此番入宫，是福还是祸呢？

参考资料：

1.《清代皇族婚姻初探》

2.《清朝皇室如何选秀女》

3.《清朝独特的选秀制度》

4.《明清后妃制度略考》

第三章　天子之家（上）

无论未来如何，皇宫都是那拉氏将要面对的地方，逃不得、躲不掉。在当时的环境下，人宫待选是每个八旗少女不可更改的命运。

但是也有人不认命，试图越过这一条红线。这位"虎口夺食者"不是别人，乃是乾隆朝的闽浙总督德沛。

当时，在两广总督马尔泰家的女儿尚未参加选秀女的情况下，德沛居然想要给自己儿子求亲。更荒唐的是，他一点都没有隐瞒大大方方地上了一道奏折，请皇帝允许这一对"佳人"完婚。

毫无疑问，这下他逆了龙鳞！乾隆皇帝龙颜大怒，将德沛宣进京城后，在金銮殿上着实教训了一顿。

为了防止大家群起效尤，乾隆又给满朝文武进行了再教育："我朝定例，八旗秀女，必俟选看后方准聘嫁。凡在旗人，理宜敬谨遵行……选看八旗秀女，原为王、阿哥等择取福晋……且八旗秀女，于十三四岁即行选看，并无耽搁之虞。"

也就是说，八旗之中那些亭亭玉立、青春正好的少女都有可能是皇家未来的女人。德沛此举无疑给众位大臣开了一个很不好的头，长此以往大家都在私底下和皇室"抢亲"，这成何体统！

毫无疑问，德沛家的亲事黄了。不但如此，郁闷之下的乾隆皇帝由此定下了一条规矩，从今往后若有待选秀女私下结亲者，母家将按隐藏秀女论罪。

尽管这件事情发生在很多年后的乾隆朝，但是窥一叶而知秋，可见当时的皇家选秀是一件多么严肃的事情。

所以，进宫做皇帝的女人，成为了众多秀女无奈的、唯一的选择：或许守得云开见月明，从此飞上枝头做凤凰呢？

这样一来，源源不绝的秀女不断加入庞大的后宫队伍，或妃或嫔，或者是低等的宫女侍妾。在高高的朱墙之内，她们孤独又寂寞，唯一可做的事情就是想尽一切办法地讨皇帝欢心，同时将竞争对手无情地踩在脚底以争取自己的早日出头。

这样的例子多不胜数，就不去一一叙述，现在我们看一看清世宗雍正都有一些什么样的女人，以及她们在后宫的命运如何。因为这些，都有可能影响到那拉氏今后的命运。

清朝后宫设有皇后一人、皇贵妃一人、贵妃两人、妃四人、嫔四人；至于低等的贵人、常在、答应，根本不受人员编制的限定，基本上是皇帝兴之所至、随心所欲就可以册封。

第一位，孝敬宪皇后乌喇那拉氏。

说起雍正的皇后，估计有不少读者会自动想到电视剧《甄嬛传》中朱宜修一生爱恨痴缠心机重重，最后却不得善终的人物形象。

在剧中雍正皇帝说出了这样的狠话：朕与朱宜修，死生不复相见。但是在历史记载中，雍正生前的皇后只有孝敬宪皇后乌喇那拉氏一人，根本不存在纯元和朱宜修姐妹皇后争宠的事情。

孝敬宪皇后的父亲名叫费扬古，说起他大家可能不熟，可是她的母亲觉罗氏出身就比较厉害了，乃是清太祖努尔哈赤长子褚英一脉后裔。

也就是说，孝敬宪皇后和雍正同是爱新觉罗的子孙，按照现代婚姻法她和雍正属于近亲结婚，不过，那时的人们则将此看作亲上加亲、皆大欢喜之事。

然而，造成的结果却是亲上加亲有了，喜却无从谈起。雍正和孝敬宪皇后育有一子弘晖，可惜8岁就没了；而皇后本人也在雍正九年九月不幸身亡。

雍正对此是悲痛欲绝，不顾大病初愈非要亲自送皇后最后一程，被大臣劝阻以后说了这样发自肺腑的言语："皇后自垂髫之年，奉皇考命，作配朕躬。结褵以来，四十馀载，孝顺恭敬，始终一致……"

如此看来，帝后二人确属青梅竹马、伉俪情深的一对佳偶，只可惜天不庇佑，和小说中纯元皇后也有几分相像。

但是不管怎么说，早在雍正九年（1731年）就去世的孝敬宪皇后是不可能和咱们的主人公那拉氏产生交集的。

第二位，敦肃皇贵妃，年氏。

不用说，这些年大家念念不忘的"华妃娘娘"隆重登场了！但是历史上她一点都不嚣张，完全没有电视剧中的飞扬跋扈。关于她的品行，大家可以从册书中"秉性柔嘉，持躬淑慎"之词窥见一二。

敦肃皇贵妃的出身不错，父兄均是高官，其中一个哥哥便是康熙、雍正两朝著名的将领年羹尧。雍正做皇子时，她是侧福晋，当雍正坐上龙椅的时候也随着晋升为贵妃。

毕竟是"华妃娘娘"，有一点足以让她凛然于众妃之上：在她活着的时候，雍正的后嗣皆由她所出：皇子福宜、福惠、福沛，还有一位不见名的皇女。凭借这一点，说她是后宫最得宠的女人，一点都不为过。只是她的孩子们全部都不幸早夭，真可谓天妒红颜！

雍正三年（1725年）十一月，年氏病逝。因为生前的荣宠，即便是哥哥年羹尧获罪，雍正依然给了她敦肃皇贵妃的谥号，年家满门也并没有因年羹尧之事而受到波及。

也就是说，敦肃皇贵妃这份荣耀是她用生命换来的！焉知，她的溘然长逝和家族变故没有关系呢？

第三位，孝圣宪皇后钮祜禄氏。

说孝圣宪皇后，估计大家会茫然；但是提起熹贵妃钮祜禄氏，可能很多人都会想起一个人物形象：甄嬛小主。

没错，孝圣宪皇后就是《后宫甄嬛传》中女主人公的人物原型。不过历史上的熹贵妃和"甄嬛小主"还是有所区别的，她的封后完全是因为亲儿子弘历继任皇帝后，母凭子贵的结果。

钮祜禄氏的出身和受宠程度并不能和前面两位相比：她仅仅是四品典仪官凌柱的女儿，当初进入雍亲王府的时候也只是一个位份低下的格格而已。

当雍正的皇子们命运不济，大部分早夭时，她的儿子茁壮成长、聪明伶俐，深受康熙皇帝宠爱，被内定为隔代帝君。只凭这一点，钮祜禄氏的人生之路从此一番坦途，从格格到熹妃，再到熹贵妃，扶摇直上。

因为孝敬宪皇后和敦肃皇贵妃的过早离世，熹贵妃便成为后宫最尊贵的女人。如果非要论她和继后那拉氏之间的关系的话，那就是熹贵妃的姓氏。

钮祜禄，按照满语就是"狼"的意思，而满族郎氏便是钮祜禄氏改成的汉字姓。那拉氏的母亲郎佳氏之"郎"和钮祜禄氏的"郎"之间的关系并没有明确的文字记载，但是可以肯定，她们都是满族的本土姓氏。

这本身就是一种渊源！

熹贵妃钮祜禄氏并不是一个犀利的女人，正如康熙皇帝当年对她的评语：有福之人。后来的事实完全验证了这一切，福寿双全的她堪称清朝后宫最有福气的女人，活到86岁高龄，一生善始善终。

之所以对钮祜禄氏如此浓墨重彩，皆因为她对继后具有知遇之恩。除了乾隆，可以说她是那拉氏生命中最重要的人。

另外还有个懋嫔宋氏，她也是雍正早期的格格，和熹贵妃当初一样的身份。早在康熙三十三年（1694年）三月十六日，宋氏就给年仅17岁的雍亲王诞下了皇长女。

可见，当初的雍亲王对她还是喜欢的；只是可惜，这位小公主不足满月便早逝了；12年后，她又生下了一个女儿，还是没有摆脱当初的命运，真是让人扼腕！

雍正登基之后，格格宋氏晋升为懋嫔，这样的荣华富贵她也只享受了不到 8 年，便早早仙逝。

可见，这也是一个薄命的女人。细思细想，究竟是天妒红颜、还是深宫女人的悲哀呢？又有几人能够真正做到与世无争，安静随和？

和钮祜禄氏一起入宫的姐妹们，薄命的已经命归黄泉，剩下的几位元老级人物，我们也来个简单介绍。毕竟，庞大的后宫从来不专属于某个女人。

纯悫皇贵妃耿氏：

这也是一个比较有福气的女人，乾隆皇帝继位之后被尊为诸妃之首；但是雍正皇帝在位的时候，也只是因为生了皇子弘昼，由裕嫔晋升为裕妃。

在后宫，能有个皇子护身也是件好事。其实，她后来的幸运也和这个儿子有关，之后咱们再详叙。

齐妃李氏：

这位后宫女主有点小遗憾，她最初在藩邸是便是雍正的侧福晋，有儿有女：生皇子弘昐、弘昀、弘时，以及皇女和硕怀恪公主。

这说明她还是比较受宠的，可惜自从雍正登基被封为妃后，就再无起色。而且她的三个儿子们，除了有两个早夭，另外一个的下场也是让人不胜唏嘘……

想想皇宫深处的这些女人，从皇后到妃嫔都曾承受过痛失爱子（爱女）的悲苦，这在子凭母贵、母以子为尊的时代，该是一种怎样的打击。

从这个角度看，比雍正帝小 30 多岁的谦妃可以算得上命运的宠儿。就在雍正十一年六月份,她刚刚诞下了一位皇子,取名弘曕。有一个健康可爱的孩子,对于谦妃而言,这就够了。

剩下的就是贵人、常在、答应等地位低下的妃妾了。这些表面上花团锦簇,实则内心孤独的女人们,偶尔沾了一星半点皇宠,从此苦熬苦盼坐等白头的人生,又怎知不是新进秀女的未来呢?

包括此时在家中忐忑不安,一片茫然的少女那拉氏。

第四章　天子之家（下）

　　说完了雍正的后宫女人，咱们再说一说他的皇子们，唯有他们，才是风暴的中心。

　　其实，以我们现代的眼光来看，雍正的后嗣不可谓不发达，连同皇子皇女计算在内共有 14 位之多。只可惜大多早夭，实在让人叹息。

　　到了雍正十一年（1733 年），仅剩下和硕宝亲王弘历、和硕和亲王弘昼以及尚在襁褓之中的爱新觉罗·弘曕。大家都知道，在自然生育的年代，别说坐拥三千粉黛的皇帝，就是普通的富裕人家后嗣都不会这样凋敝。

　　如果说属于"天灾"，确实无法挽留这些孩子鲜活的生命倒也罢了，可惜这里面却有"人祸"的原因：比如三皇子弘时。

　　从上文我们知道，弘时的生母是齐妃李氏。弘时之上本有个出身正统的嫡长子弘晖，不幸 8 岁早逝。另外还有两个和他同母的哥哥弘盼、弘昀——按说弘盼是正统的皇二子，可惜不到两周岁就没了，因为年龄太小没有序齿，由他的同母兄弟弘昀顶替了皇二子的位置。

遗憾的是，弘昀长到 10 岁上也匆匆离开了这个世界。皇三子弘时因此成为事实上的"长子"；再加上他的母亲原系雍正为亲王时的侧福晋，身份比后宫诸妃尊贵，历代皇室又有立嫡立长的传统。

在这样的情况下，年轻气盛的弘时对未来不免心存幻想。然而他没有想到，比他年少 7 岁的弘历已悄然间拔了头筹，获得了圣祖皇帝康熙的欢心，被隔代指定为接班人。

据有关文献记载，弘历自小就长得"隆准颀身"，相貌不俗；而且人又聪明，年仅 6 岁就能背诵《爱莲说》，让当时的雍亲王胤禛得意不止。在弘历 12 岁的时候，康熙前往胤禛的私家园林游玩，在牡丹台第一次见到了皇孙弘历。

这一见之下，康熙便极为喜爱，赞不绝口，声称：是福过于予！

翻译成现代语言就是：此子福气在我之上啊！然而，任谁再有天大的福分能凌驾于皇帝之上呢？这等于是康熙金口玉言，隐然要弘历做大清国未来的皇帝接班人。

更令人纳罕的是，他又召见了弘历的生母钮祜禄氏，一番审量之后居然下了这样的结论：你是个有福之人呐！

接下来弘历便得到了非同一般的待遇，被康熙下旨接到了宫中亲自培养教育。要知道，能受到如此待遇的也只有曾经的皇太孙弘晳了。

有一次，弘历陪同康熙木兰秋狩的时候射中了一头熊，但是那熊居然没死，挣扎着站立起来。当众人惊慌失措的时候，年少的弘历面不改色，颇有王者之气定神闲的味道。

经此一事，康熙更加刮目相看，认为弘历之命贵重，连上天都予以眷顾。所以便有传闻，雍正能够登上九五之尊乃是因为康熙皇帝指定弘历为隔代帝君的缘故。

这就好比周太王古公亶父，因为认定了孙子姬昌（周文王），便传位于姬昌之父季历是一个道理。

如此板上钉钉的事情，弘时却依然幻想逆天改命，因此陷入了皇位争斗的恶性循环里。对于清朝皇室来讲，这是动摇国本的事情，必定要严肃对待。

高高在上的皇帝他也要有人性的七情六欲，人伦之情。雍正刚开始还在弘时身上下功夫，选了名师对其进行教导，希望可以改变他的心性。

可是古往今来涉及宫廷权力争斗又有几人能够保持冷静？别人不说，历史上的九子夺嫡，说的就是雍正和几个兄弟们争夺皇位的事。由此也不难想象，弘时怎么会甘心听从雍正的摆布呢？

雍正的耐心也是有限的，索性将这位事实上的大阿哥困在了王府之中。弘时眼见皇位要落空，也狠下了心放手一搏：在电视剧《雍正王朝》中，弘时和廉亲王允禩勾结在一起，联络关外的四位铁帽子王，企图借机逼宫。这件事情虽然最终落空了，却让雍正彻底寒了心。

当然，这是艺术作品的合理联想，可以肯定的是：这二人彻底从父子关系变质为政治死敌。

这是雍正四年（1726 年）二月二十八日的一道谕旨：弘时为人，断不可留于宫廷，是以令为允禩之子。今允禩缘罪撤去黄带，玉牒内已除其名，弘时岂可不撤黄带？着即撤其黄带，交与允禩，令其约束养赡。钦此。

想要了解这道谕旨的可怕和雍正的冷血，我们有必要先了解一下这里面的重要人物：允禩。

允禩，原名爱新觉罗·胤禩，雍正即位后为避讳，改"胤"为"允"是清康熙帝的第八位皇子，颇受其喜爱，太子胤礽被废时曾是继任太子的热门候选人物，可惜最终却落了空。雍正即位后，为了安抚人心晋封为廉亲王——也就是《雍正王朝》中弘时的政治同盟。

也许果然如电视剧中表现的那样，廉亲王允禩算计了雍正；也许是一山不容二虎、卧榻之侧难容他人鼾睡的原因，雍正四年（1726 年）正月，本是喜气洋洋的好日子，允禩却被削王爵、革黄带、宗室除名，圈禁在了高墙之内。

大家想想看，雍正将自己的亲儿子"过继"给这样一个有罪之人，能有何意？

就在这一年秋九月，允禩离世；雍正五年（1727 年）八月初六，被削去宗籍的弘时也死了，年仅 24 岁。关于他的死因，《清皇室四谱》的作者唐邦治认为，弘时是被自己的亲生父亲雍正赐死的。

呜呼哀哉，可惜可叹！人生之悲，莫过于此！

也许是亲自见识了皇位之争的冷酷无情，雍正的另外一个儿子弘昼表现非常怪诞，不但喜谈生死，还要指挥王府中人有模有样为自己办"丧礼"：看着家人们一个个如丧考妣祭奠哀哭，他却在一旁吃着供桌上的祭品笑逐颜开。

唉，这般模样任谁见了都要把他当怪物看待，正常人能办出这样的事情吗？

弘昼写过一首《金樽吟》：

世事无常耽金樽，杯杯台郎醉红尘。

人生难得一知己，推杯换盏话古今。

如此虚无缥缈与世无争，任谁也不会认为他会心怀异志，对其下黑手吧？

依我看来，他倒是大智若愚，真正的聪明之人。在当时的那个时代背景下，世事无常，有什么好争、又有什么可争呢？却不如对酒当歌，莫要辜负了面前这金樽美酒才是。

尽管弘昼玲珑剔透，心比比干多一窍，但在外人看来，这位"傻瓜"王爷如此放浪形骸，当真不足为虑了。

这或许正是他想要的效果！

弘历的两个竞争对手，一个身死，一个心死。至于弘曕，不过是一个尚在襁褓之中的婴儿，何足畏惧！

如此，爱新觉罗·弘历俨然是大清王朝未来的接班人，皇宫内炙手可热的人物。

附雍正皇子皇女列表：

皇子：

爱新觉罗·弘晖（1697—1704 年），生母孝敬宪皇后；

爱新觉罗·弘盼（1697—1699 年），生母齐妃；

爱新觉罗·弘昀（1700—1710 年），生母齐妃；

爱新觉罗·弘时（1704—1727 年），生母齐妃；

爱新觉罗·弘历（1711—1799 年），生母孝圣宪皇后钮祜禄氏；

爱新觉罗·弘昼（1712—1770 年），生母纯悫皇贵妃；

爱新觉罗·福宜（1720—1721 年），生母敦肃皇贵妃年氏；

爱新觉罗·福惠（1721—1728 年），生母敦肃皇贵妃年氏；

爱新觉罗·福沛（1723 年），生母敦肃皇贵妃年氏；

爱新觉罗·弘曕（1733—1765 年），生母谦妃。

公主：

公主（无封号）：1694 年生，生母懋嫔；

和硕怀恪公主（追封），（1695—1717 年）生母齐妃，额驸那拉·星德；

公主（无封号）：1706 年生，生母懋嫔；

公主（无封号）：（1715—1717 年），生母敦肃皇贵妃。

参考资料：

1.《清史稿》

2.《神功圣德牌》

3.《清圣祖实录》

4.《宫中档雍正朝奏折》

第五章 入宫选秀

　　这一年讷尔布格外忙碌，因为选秀女之期正逢孝敬宪皇后殡天，今次的适龄女子也就格外多些。身为佐领的他，每日里带着领催对辖区内的女子们进行摸底，然后造了名册呈报参领，再至八旗都统衙门、户部，直至由皇帝本人亲阅。

　　为皇家办差足以让他诚惶诚恐、如履薄冰，更何况他家现放着一个待选秀女，真真是一点差错都不能有，一着不慎便可让整个家族翻天覆地。

　　这一日，讷尔布终于得空在家，心想日后能不能享受这样的天伦之乐还在两说，因此也不与家人招呼慢慢踱到了女儿闺房前。

　　那拉氏的贴身丫头待要上前招呼，讷尔布摆摆手，自己掀了大红暖帘进屋。却见女儿端坐书案前捧着一本书入神，身边还有个丫头正在缓缓研墨。

忽然看见主人走近，研墨的丫头忙低头叫了声："老爷！"

那拉氏闻言抬起了头，小心妥帖地放下了手中的书，娉婷向前施了礼，口中唤道："阿玛！"

讷尔布颔首微笑，说了一声："罢了。"然后问道："义而汉济（女儿），你刚刚读了什么书？"

那拉氏如实禀告："回阿玛，是《道德经》。"

讷尔布不由心中暗惊，脸上却不动声色，口中淡淡应了声："哦。"于是走至书案前，但见一方素绢上写着漂亮的蝇头小楷，却是《道德经》的开篇之语：

道可道，非常道。名可名，非常名。无，名天地之始；有，名万物之母。故常无，欲以观其妙；常有，欲以观其徼。此两者同，出而异名，同谓之玄。玄之又玄，众妙之门。

那拉氏眼见父亲沉默不语，小心说道："额娘常教导义而汉济（女儿）要安分随时，与世无争。那拉也想着……"她沉默了片刻，还是鼓足了勇气："无论将来怎样，虽不能给阿玛和额娘带来多少的福分，也要大家安然幸福此生。"

至此，讷尔布恍然：小小年纪却是如此之念，也好……只是，却委屈了她。心念至此，不免脸色含悲沉吟不语，良久方才说了句："安分随时是好，你也该读些《女则》《女训》才是。"

这《女训》乃是东汉蔡邕所书，因为教导了两个著名的女儿而留名于世。其中一个是名臣羊祜的母亲，在自己的儿子和丈夫与前妻的儿子同时生病的情况下，宁愿选择拯救别人放弃自己孩儿的生命。

另外一个便是写下《胡笳十八拍》的蔡文姬了，只可怜她身处乱世，无可奈何一生三嫁，万般不由己；但其才情耀世，令人惊绝！在第三任丈夫董祀对其感情平平，且已犯事即将被斩的情况下，仍不惜蓬首跣足到曹操处为其求情。

精诚所至，金石为开！蔡文姬终于力挽狂澜，挽救了丈夫的性命。最终她收获了自己的幸福人生，和董祀双双隐居山林，过上了神仙眷属的生活。

其实这一切，不过是建立在摧残自我、压抑人性的基础上罢了！

至于《女则》的作者更为不寻常，乃是著名的长孙皇后为天下女子所作，她能成为一代贤后更是以牺牲自我为前提的。

那拉氏冰雪聪明，怎不知父亲此举是为了自己的长久着想？因此低头缓缓回道："往日里却也读了些。"语毕，转身从绣榻上拿出了自己早已绣好的荷包，捧给了父亲。

讷尔布接了过来，仔细打量，倒是针脚细密，上面还有五彩丝线绣好的几个字，却是"福寿安康"。

讷尔布摩挲着，不由夸赞："你这女红学得好，都是额娘教你的罢！"

那拉羞涩地笑着："我也只会这些，别的也拿不出手，阿玛莫笑。若是日后得空，再给您做件棉坎肩吧，塞外寒冷。"

也不知何时，屋外竟然起了风，吹着那夹门帘的木板啪啪作响，一声紧似一声。

这一年的冬天北风格外凛冽，漫天的风雪中平添了几分迷离之态。时间仿佛停滞，竟不知身处何方，今夕何夕了。那拉氏每日里陪着母亲做一些女红，读一读闲书，这日子一天天也就过去了，倒是讷尔布跑上跑下，忙得不可开交。

很快冬去春来，当路边的迎春花冒出一片鹅黄的时候，朝廷选秀女的日子也就到了。

夕阳下的地安门琉璃增辉，散发出迷人的异彩。待选秀女的骡车按照各自的旗籍排列，顺序是满洲八旗在前、蒙古居中、汉军八旗押尾——其实排在前面的满洲八旗也是等级森严，必须是上三旗的正黄旗开头，下五旗中的镶蓝旗押尾。

所以，那拉氏的车辆夹在一群显贵之中，也算是比上不足比下有余了。

夜色很快降临，寒风中的月牙儿透出了丝丝冷冽之光，犹如尚未融化的冰棱。车上竖起的双灯散发出橘色的光芒，从地安门伸向了远方的街道，逶迤不绝。

许是等待的时间过久，众人不耐春寒，便有大胆的车夫试图向前插入别人的队伍，于是传来了人群的骚动和男人的呵斥声。不用说，那一定是八旗中某个佐领或者领催在维持秩序，难道他们还等着耽误了皇差让上司喝骂不成？

那拉氏端坐车中，黑暗中看不清她的模样。晚风中，车灯上有隐约可见的字迹在微微颤栗着，犹如少女那颗娇柔不安的心。

终于，朱红色的大门缓缓开启，随之而来的是车夫们鞭打骡子的声响，“驾！”

车轮辚辚，那拉氏心内升腾起一丝恍惚之感：这就是要得见天颜了吗？

和她一样内心彷徨的，是那些同样坐在骡车之上的秀女——特别是那些空有八旗之名，实则家境贫寒的下级军士之女。此时，她们的心情大概和不小心落入陷阱的小动物有几分相似吧？那样的无望、彷徨……

也不知什么时候，神武门到了。早已等候在这里的户部官员们，按照手中的名册和八旗官员们核查清点了人数，接管了这些秀女们；然后，再将她们交付神武门内的太监，他们的工作自此告一段落。

从史料上，我们所知道的仅仅是秀女们最终将进入顺贞门接受内务府初选，最后接受皇帝的现场考核。具体的选拔项目我们无从考证，但是清朝的后宫制度很大程度上沿袭前朝，所以我们暂且参考下明朝的考核方法。

按照有关资料记载，明朝天启年间熹宗举办大婚时，先期广选天下 13 到 16 岁的"淑女"，让有司聘以银币，再由父母将她们送至京城。当选够 5000 人时，由皇帝派出的内监进行目测筛选，具体是这样操作的：

首先，淑女们每百人按照年龄大小排序，内监们循环往复依次进行打量后，大声报出结果：某人的个子稍高或者稍低了一些，某人的身材胖了或者瘦了一点等。就这样，他们通过这种简单的方式淘汰 1000 人。

到了第二日，他们还是用目测的方法进行下一轮筛选。但是这一次，内监们观察的是淑女们外在的每一个部位，包括五官、头发、皮肤、肩膀、背部等。以上只要有一项不合标准，就予以淘汰，同样，他们又刷掉了 1000 人。

其实换个角度看，落选对于她们而言未尝不是一件幸事。闲话不说，咱们继续。

第三天的检查内容是淑女们的音色：内监们会让剩下的

3000 淑女各自报上籍贯、姓名等。但凡说话声音雄壮、吐字不清或者口吃的人都会被淘汰。就这样，又淘汰了 1000 人。

第四日，内监们一人拿一把量具，对淑女们的手脚进行一番测量，然后再让她们走几步，观其风度姿态如何。

没说的，通过这种严苛的方法，又淘汰了 1000 人。

最后剩下的 1000 名优秀者，此时初步获得了宫女资格。但是还没有完，皇宫深处那些资历深厚的"容嬷嬷"们在等着她们呢！

在密室，年老的宫娥们会认真探测准宫女的乳房形状，嗅其腋窝味道，感受她们的皮肤纹理是否细腻柔软等诸多不可描述事项。

经过上述烦琐的淘汰，最终能够留在宫里的也就 300 人。一个月后，将有 50 名佼佼者胜出，也只有她们才有资格成为皇帝的嫔妃，而剩余的女孩们则沦为侍候人的宫婢。

之前我们说过，清朝选秀女重德不重色，因此也不会像明朝那样麻烦。但是基本的外貌仪容要求也是有的，比如那些身有残疾的八旗女子就会在本旗内部被刷掉，其余的也就由宫内的决策者们目测选择了。

早春的御花园，透着阵阵清冷气息，西北方向有一座楼阁。明朝的时候，它有一个雅致的名字"清望阁"，到了清朝，许是嫌它富贵不足，于是改名"延晖阁"。其中之意，或许是觉得夕阳之美，灿烂辉煌无与伦比，因此想多留住一丝美好。

然而，夕阳无限好，只是近黄昏！

雍正十二年（1734 年）初春的清晨，晚年的雍正携了熹贵妃钮祜禄氏、裕妃耿氏等位份较高的妃嫔端坐在延晖阁之内。

遥望远方，但见西山尚有去年之积雪晶莹，似有袅袅薄雾轻烟笼罩。依稀仿佛，似有大觉寺的梵音响起。

雍正在心底喟叹一声，轻轻握了熹贵妃的手，并没有说什么，想必他们亦有多年生活的默契。他略有倦怠地看着面前一排排的秀女，如流水般向他叩首，再如流水般退去。偶尔，看着略顺眼的秀女便留了牌子。

当旭日斜斜洒在头顶的时候，面前着青色旗装的秀女让他眼前一亮，倍觉爽目。

"抬起头来。"雍正说道。

那拉氏依言微微仰了脸，却垂了眼帘观心静默，仪容大方安宁。

"你是谁家的女儿？"

熹贵妃闻言似是微笑，沉吟不语。

不说熹贵妃怎样思量，却听那拉氏不疾不徐回道："禀皇上，奴才辉发那拉·讷尔布之女。"

"哦，原来是讷尔布的姑娘，难怪这样雅致。"雍正似乎感了兴趣："都读些什么书？"

"家父常常教导，说是姑娘家当以女红为第一要事。闲暇时，略翻翻《道德经》《女训》，也不过认识几个字罢了。"

雍正微微颔首，目光却朝着熹贵妃停留。

熹贵妃含笑轻语："这姑娘却是温婉柔顺、大方得体。"

"那就依了贵妃，留了牌子罢。"

那拉氏退下后，似乎感受到了周围太监、宫女艳羡的目光……又有一拨秀女进去了……

参考资料：

1.《历代皇朝选妃内幕》
2.《记清宫的庆典、祭祀和敬神》

第六章　指婚弘历

　　乾清门的玉阶之下，讷尔布面北而跪，赞礼大臣手捧圣旨，声音朗朗宣读旨意。等待多时的谜底终于揭晓，原来皇上拴婚将那拉氏指给了宝亲王弘历为侧福晋。

　　讷尔布接旨谢恩，惶恐之下但觉琉璃增辉，漫天霞彩。细想，以那拉的姿容能够入选不算意外，但是，假若被封个贵人或者常在又如何？虽说亦是家族荣耀，只怕她的心中终究会有些遗憾。

　　哪一个蓓蕾初绽，如花儿一般美好的少女愿意将自己的终身托付给一个垂垂老者呢？

　　雍正此举，对于翘首企盼的那拉家族而言，的确算得上皇恩浩荡了。同样喜事临门的还有一个崔奇哲，他的女儿崔佳氏被指婚给和亲王弘昼做了侧福晋。

　　此番选秀女的目的至此大白于天下，却是为了两位皇子拴婚，皇家又多了两门姻亲。

也许会有读者不以为然，所谓侧福晋，不过是两位皇子的妾室而已。如同《红楼梦》里面的赵姨娘，在荣国府处处被人排揎轻看几分，就连亲生的女儿贾探春都要下眼看她。

从这个角度，那拉氏的宝亲王侧福晋身份好似另一个版本的"赵姨娘"。这种想法有几分道理，但是也不完全对，若要明白其中根由，咱们先从福晋的来历说起。

清朝在入关以前，清太祖努尔哈赤先后迎娶了 14 名妻妾（也有说是 16 名），且大部分是和女真、蒙古各部落之间的联姻，她们统统被称为福晋，所生子女的地位也是平等的。

到了皇太极时期，后宫妻妾数量几乎可以和其父一较高下，但是他却没有持一碗水端平的态度，而是以崇德五宫为尊。这崇德五宫分别是：博尔济吉特氏为中宫大福晋，位居清宁宫；之后是关雎宫宸妃，麟趾宫贵妃，衍庆宫淑妃，永福宫庄妃。

然而，这崇德五宫都来自蒙古科尔沁草原的博尔济吉特氏，可见这是一桩彻头彻尾的政治联盟。五位"博尔济吉特氏"被称为五大福晋，位份远远高于其他妃子。

子嗣方面，位居第一的中宫福晋生了三个女儿。宸妃虽然生了一个儿子，可惜两岁上就没了。麟趾宫贵妃倒是成功养育了一个儿子，名叫博穆博果尔，可惜就是迟了一点，仅是皇太极的第十一子。而衍庆宫淑妃无子。后来居上的是永福宫庄妃，她为皇太极生了第九子——

这庄妃就是鼎鼎大名的孝庄文皇后，她的儿子正是不爱江山爱美人的顺治皇帝。

至于前面的八位皇子为什么没能面南而坐，除了皇室内部的斗争之外，应该和他们的出身较低也有一定关系；而麟趾宫的博穆博果尔虽然可以一较高下，奈何年龄太小。试想，顺治6岁登基已经是无奈之举，何况当时年仅3岁的幼童呢？

顺治十五年（1658年），已经坐拥天下的清朝皇室在中原文化的熏陶下，决定效法明朝后宫制度。于是礼部建议："乾清宫设夫人一人，秩一品；淑仪一人，秩二品；婉侍六人，秩三品；柔婉二十人，芳婉三十人，俱秩四品。慈宁宫设贞容一人，秩二品，慎容二人，秩三品。以下勤侍无定数，无品级。"

对此，朝中的辅政大臣们认为坏了满洲规矩，极力谏阻。于是上述后宫制度就流于形式，并没有真正执行，而后妃的"福晋、格格"称谓依然存在。

辅政大臣的固执己见并没有改变统治者决心，顺治十七年，亲王、世子、郡王的妻妾们根据位份高低由礼部册封为福晋、侧福晋，但是真正完善的后宫制度在康熙年间才形成。

为了表明亲王、世子、郡王们的正室夫人独一无二的身份，也称其为嫡福晋。至于侧福晋，在康雍年间，亲王的配置是二人，世子、郡王一人；到了乾隆之后，待遇福利变好，亲王配置四人，世子、郡王们增加到了三人——

偶尔皇帝心血来潮，还会赏给他们个侧福晋。

总而言之，凡是经过皇帝金口玉言亲封的福晋、侧福晋们，都可以拥有朝廷定制的冠服，入了礼部领编制吃皇粮。

至此，"福晋、格格们"完全走出了紫禁城，和皇帝的后宫女人们没有任何关系。

至于那些位份更为低下的格格、阿哥使女，名为庶福晋，其实就是不入流的妾。皇帝才懒得深管，也懒得给她们拨付皇粮。皇子们有钱呢，就多养几个，没钱也就作罢了。

那些庶福晋们的现状就是如此，不仅她们要在深宫大院内煎熬一生，就连孩儿也要低人一等——

当然例外不是没有，比如乾隆皇帝的生母钮祜禄氏，当初就是低等的格格出身，怎奈儿子争气，从此平步青云。

像这种母以子贵的运气并不是谁都有，但是也说明了特例的存在。假如哪位格格生了个讨喜的阿哥或者她们的母家让皇帝感觉很顺心，那么命运之门也会向这些幸运的女子缓缓打开。

参考资料：

1.《清代后宫制度论述》

2.《大清会典》

第七章　潜邸春色

现在我们来谈谈宝亲王弘历的妻妾，这就涉及了本章的标题。大家知道，我国古代封建社会有预立储君的传统，或者立贤，或者立长，这些储君居住的场所叫作东宫。

但是也有许多皇帝根本就不是以太子的身份登基，这些非太子身份登上九五之尊者，他们做皇子时的府邸就被称为潜邸，这种规则对于乾隆皇帝同样适用。至于春色一词就不需要多解释，想来大家都懂。

根据有关资料，乾隆一生封过的后妃有 41 位之多，而在潜邸做皇子时能叫上名头的妻妾，包括那拉氏在内也有差不多 10 位，真可谓满园春色，姹紫嫣红。

话说清朝的皇子们普遍早婚，雍正五年，时年 17 岁的弘历便完成了初婚，嫡福晋是察哈尔总管李荣保的女儿富察氏，应该也是通过选秀女的方式被皇帝给拴了婚。

说起这位宝亲王嫡福晋，她的身世可不一般，其先祖旺吉努为世居沙济地方的部族首领，投奔努尔哈赤后编入了镶黄旗封为牛录额真。尽管他只是个拥有半个佐领（牛录）的领导，但是其上三旗身份与那拉氏先祖的下五旗身份相比，自然又有了不同。

有了祖先奠定的基础，富察氏自然代代发达，到了其曾祖哈什屯的时候，因为军功显著官至内大臣，加太子太保；而她的祖父米思翰深受康熙皇帝的信任，将一国之财政交予他管理——

您以为他如乾隆朝的和珅一般，是个外忠内奸、溜须拍马之徒吗？大错特错！米思翰可是堂堂的议政大臣，也做过长达7年的户部尚书；关键，他还是康熙皇帝撤三藩的坚定支持者。如此知音，对于当初势单力薄的康熙来说，这可谓雪中送炭之举。

至于富察氏的父亲李荣保，自是承袭祖荫官拜察哈尔总管，成了堂堂清王朝的正三品官员。和那拉氏的父亲讷尔布的正四品相比，正好是官大一级！

再看富察氏的伯父辈们，更是威风凛凛显赫无比：一个叫马齐，堂堂三朝元老，众臣之领袖，"名望夙重，举朝未有若此之久者"；另一个叫马武，乃是堂堂一品大员，做过八旗都统、领侍卫内大臣，被雍正称为"圣眷最渥之人"。

事实上，在康熙朝的索额图和纳兰明珠之后，富察家的"二马"已成为朝堂上下最为权重之人！

或许，也只有这样的名门望族之女才配得上清王朝未来皇后之位吧？

这位嫡福晋不仅拥有优渥的出身，还有一个天然的优势，那就是为弘历不断称道且爱慕不已的窈窕姿容。然而更让人称赞的是，拥有这样得天独厚的条件，她却没有一点显富露贵骄奢之气，平素妆扮只冠"通草绒花，不御珠玉"。

您以为这通草绒花是什么高档的名贵鲜花吗？就像杨贵妃的荔枝那样珍贵？

错了！所谓的通草绒花不过是旧时候妇女头上簪的假花而已，可以是优质蚕丝制成，也可以用普通绢纱制作。《红楼梦》第七回，薛姨妈就给贾府的小姐们送了12枝"宫里头做的新鲜花样儿堆纱花"，上至贵族小姐奶奶、下至王熙凤的陪嫁丫头平儿都得了一枝。

这样的头饰，价值当然不能和名贵的珠玉相比。如果用在普通女子身上，那便是奢侈品。但是对于富察氏这样的身份，的确算得上节俭朴素、含蓄内敛。

或许，这就是让弘历念念不忘的内在美吧！

孔夫子曾经说过，食色，性也。像这样一位高贵美丽的贵族少女，任谁见了也会喜欢。青春正好的弘历自然为其倾倒，钟爱异常。二人如胶似漆，一日未见便有如隔三秋之感。截止到那拉氏被指婚这一年，福晋富察氏已经为弘历生育了两位皇女、一位皇子。

关于这位嫡福晋和宝亲王弘历的伉俪情深，是有大量文字记载的，在随后的篇章中，我们将一一展开。总之，面对这样一个实力强劲的正妻，那拉氏将如何自处，这是个问题。

她自知不能与她相比！就目前的情况，能够成为最得宠皇子的侧福晋，已经是最好的结果。这也从一个侧面证明了那拉氏的相貌不俗，能够入了皇家法眼。

另外，宝亲王府还有几位能叫得上名的侍妾，在这里简单介绍一下：弘历的第一个女人，也叫富察氏，远在迎娶嫡福晋之前就指婚为格格。关键是，她为弘历生下了长子永璜以及一位公主。

其实她的身份也不低，起码父亲翁果图也是一位佐领。但是为何只是身份低微的庶福晋，想必雍正有一套标准在心。

但是无论如何，弘历又怎能对自己的第一女人视若无睹呢？何况，她还是他第一个孩子的母亲。

其他的，还有两位比较受宠的侍妾，内务府汉姓包衣出身的高氏、金氏，以及苏氏、珂里叶特氏、陈氏、黄氏。这些年轻女子，都将是那拉氏日后要面对的"姐妹"。

现在，宝亲王府除了嫡福晋富察氏以及将过门的侧福晋那拉氏，另外一个侧福晋的空缺，又将花落谁家呢？

这是个问题！然而，归根到底，这是皇室需要考虑的事情。

参考资料：

1.《"通草绒花"不是天然花草》

第八章　双姝争艳

雍正十二年（1734 年）的春天，皇室喜事连连，这边刚结束选秀女挑出了两位侧福晋，分别赐给了和亲王与宝亲王；另一边，宝亲王空缺的侧福晋也终于有了合适的人选。三月初一日，雍正忽然下了谕旨："宝亲王使女、高斌之女著封为王侧福金（福晋）。"

作为弘历早期的妻妾，如果不是此番突如其来的提拔，谁也想不到宝亲王府还有这样一位"默默无闻"的高氏使女。论出身，她和金氏一样只是个内务府包衣女子；论地位，在母以子贵的时代，她甚至没有一个自己的孩子。

按照常理，无论如何都应该是满洲八旗出身的庶福晋富察氏，况且她还是弘历长子永璜的生母。

是什么样的女子，能够以娇柔的力量扭转乾坤，将不可能变为可能呢？多年以后，当她因病辞别人世，他哀叹不已，赞她：

"克膺德选，率天家之礼度；允称翟褕，佩女史之箴铭。尤耽文翰，夙承皇考之恩眷，封以侧妃。"

却原来，在弘历的心中，她是一个才德皆备、精通文翰的聪慧女子，句句规诫皆是良言，犹如皎皎明月照亮了他的心。

或许，高氏的崭露头角是因了弘历在皇帝面前的进言；或许，还有别的理由——譬如她那身居高位的父亲高斌。

只是不知，究竟是谁成全了谁？

高氏一门本是内务府镶黄旗佐下包衣世家，从曾祖高远时归了清太祖，因此子孙高登庸、高衍中渐渐做了官。但是真正发达，成为望族是从第四世高斌开始。

高斌，字右文，号东轩。雍正元年（1723年），或许是才干出众的缘故让刚登上九五之尊的雍正亲眼有加，任了内务府主事一职，之后又做了郎中管理苏州织造；雍正六年（1728年），当他升任广东布政使的时候，女儿高氏已经是弘历的阿哥使女。

到了雍正九年（1731年），高斌做了河东副总河道，也许就在这个职位上，打开了他事业的窗口。雍正十年（1732年），他又调到了两淮盐政，兼署江宁织造；雍正十一年（1733年），任江南河道总督。

自此到雍正十三年，高斌都在盐政、河道总督之间辗转徘徊。期间，他修复了范公堤64000多丈，让朝廷看到了他卓越的治理才能。

各位读者有没有发现，高斌所任官职无论是江南织造、两淮盐政或者河道总督都是了不得的要职呢？

曹雪芹的祖父曹寅不过是个江宁织造，都足以提供丰厚的家族底蕴支撑曹雪芹写出富贵繁华、诗书风流的文学巨著《红楼梦》；

而林黛玉的父亲林如海，书香世家，以探花之才也不过做了个扬州的巡盐御史，想来其中亦有些奥秘不可言。

书中的护身符这样说：贾不假，白玉为堂金作马；丰年好大雪，珍珠如土金如铁；东海缺少白玉床，龙王来找金陵王；阿房宫三百里，住不下金陵一个史。

然而，曹雪芹苦心营造的贾、王、史、薛一等富贵风流之家，怎能比得过高斌的仕途发达。不说别的，单就两淮盐政这一块，那可是历朝历代除了田赋之外的第二大经济命脉。

身为两淮盐政，如何打击私盐贩子，也是盐政高斌的主要工作内容之一。然而，真正让他留名后世的却是河道总督的的职务，其中甘苦虽然一言难尽，但是能够列祠供奉也不枉辛苦拼搏一生了。关于这一点，随着情节的发展，之后再叙。

话分两头说，高斌能够让朝廷重用，一路飞黄腾达，显然与阿哥府的女儿脱不了关系；如果高斌是个扶不上墙的烂泥，只会让位份低微的女儿更加没脸，何谈超级提拔为侧福晋？

可见二者是相辅相成的，除此之外，也与高氏一门的出身有关。虽说，内务府包衣好似低贱的"奴才"，却有着外人不易知晓的得天独厚之处。

内务府本是清朝独有的为皇家服务的"家事"主管机构，全称是总管内务府衙门。

更何况，内务府包衣三旗本就是在入关初期，从皇帝亲管的上三旗户下包衣挑选出来的体己人。自高氏一门起，从乾隆之后，皇帝对他们的重用与信任远远超过了一些所谓的名门望族。

无论如何，这样的破格之举让都高斌感到诚惶诚恐，他在雍正十二年（1734年）四月初八日的奏谢折子中写道："伏念奴才女儿至微至贱，蒙皇上天恩，令侍候宝亲王，今乃于使女之中超拔为侧福金（晋），高厚深恩，奴才举家感戴，院内奴才鲜于伦比，奴才感激难名……"

雍正帝御笔朱批：览。

真真是言简意赅、气定神闲！看似漫不经心的赏赐，若是各位看到了高斌名字的前缀，想必也会吓一跳。那时，他的奏折上表明的职务是：署理江南河道总督印务管理两淮盐政署理江宁织造龙江关税务布政使。

此情此景，忽然想起了唐代白居易的《长恨歌》：

后宫佳丽三千人，三千宠爱在一身。

金屋妆成娇侍夜，玉楼宴罢醉和春。

姊妹弟兄皆列土，可怜光彩生门户。

遂令天下父母心，不重生男重生女。

还好，高氏不是杨玉环，弘历也不是唐明皇。繁星璀璨的夜，他与她共一盏灯火，品茗读诗，情到深处，你侬我侬。

窗外的月，静静地注视着这一切，也默默地照亮了那拉氏的闺房。

牡丹与芙蓉，你爱哪一朵？

此时的那拉氏，只是个未经世事的懵懂少女，为她的前途担忧的恐怕只有她的父母了。

然而，不管藏了几多心事，好事一天天近了。

三月十五日，内务府上了折子，请奏为和亲王、宝亲王迎娶侧福晋金顶所用的东珠数目片。

东珠，是珍珠中的至尊至宝之物，大而圆润、晶莹剔透，散发出圣洁的五彩光泽，因其产自东北的黑龙江、乌苏里江、鸭绿江流域，也称为"北珠、大珠、美珠。"

所以，历朝历代它便是王者御用之物。尤其是清朝，因为东北乃龙兴之地，佩戴东珠也就有了不寻常的含义。从顺治到乾隆，多次下旨严格管理东珠的捕捞，可以说做到了"非奉旨不准许人取"的程度。

东北的天气异常寒冷，大家可以想象一下在早春的季节里跳入冰冷的江水中是怎样的体验！况且，必须经过成百上千次对珠蚌的挑选才能找寻出一颗合格的东珠。

古老的童话故事里，深海的珍珠是鲛人的眼泪。可我宁愿相信，它们是采珠人的眼泪凝聚。乾隆曾经写过一首《采珠行》：

> 圆流有蚌清且沦，元珠素出东海滨。
> 旗丁汩采世其业，授餐支饷居虞村。
> 我来各欲献其技，水寒冰肌非所论。
> 赐酒向火令一试，精神踊跃超常伦。
> ……
> 入水取蚌载以至，剖划片片光如银。
> 三色七采亦时有，百难获一称奇珍。
> ……

是啊，普天之下莫非王土，率土之滨莫非王臣。天子驾临，他们当然要"水寒冰肌非所论""精神踊跃超常伦"。只是，你可曾用心对待？

无论如何，弘历与那拉，总是明媒正娶。礼部、内务府，都在忙着为她做冠服，待到五月初一，已经在商定择吉送聘礼的事情了。

总之，从指婚到亲迎，该有的礼节一样都没落下。虽然风光不能和嫡福晋相比，怎样都是正经的皇亲国戚了。

雍正十二年（1734年）十月十八日，吉时已到，彩轿陈在了中堂，那拉氏穿了礼服缓缓出现在众人面前，随行的女官服侍着上了花轿。随着太监抬轿，八音响起，前方的大红灯笼、火烛散发出艳艳的光芒，缓缓前行。

终于，鼎沸的人声渐行渐远，消失在神秘的所在。

夜空中，有明媚的烟花倏然绽放，瞬间归于黑暗。

第九章　乐善春秋

　　和硕宝亲王府位于清内廷西路的乾清二所，格局为三进院落。前院是弘历的书房，正殿悬挂有雍正钦赐的匾额"乐善堂"。房间结构间架面阔 5 间，进深 3 间，明间开门，古钱纹榬花槅扇门 4 扇，其余为槛窗，装饰古色古香，充满了那个时代的气息。

　　弘历一生雅爱诗文，流传于世的就有 4 万多首。从雍正八年开始，他就开始从众多的诗文中择优挑选了十分之三四编辑了《乐善堂文钞》(也称《庚戌文钞》)，组成了 14 卷。而这些诗作基本是在这里完成，他在之后不断增加新编的《乐善堂全集》中这样写道：

　　"乐善堂者，盖取大舜乐取于人以为善之意也。夫孝弟仁义乃所谓善也，人能孝以养亲，弟以敬长，仁以恤下，义以事上，乐而行之，时时无忌，则能因物付物，以事处事而完所性之本体矣。"

也就是说，弘历是一个讲究孝悌礼仪的人，他视此为美好的德性，并且乐在其中。

那么，同样雅爱诗文的侧福晋高氏在此陪伴他整理编撰诗集的时候，弘历的心中对她应该会升腾起红颜知己的别样情怀吧？

中院是弘历和嫡福晋富察氏日常生活起居的地方，正殿面阔5间，进深1间，和前院一样明间开门，其余为槛窗。它与东西次间用名贵的紫檀雕花隔扇相隔，西室为二人的卧室。除此之外，尚有左右配殿，均是面阔3间、进深1间的架构，东边的称之为"古香斋"，西边是"抑斋"，均和书香有关。

如此，嫡福晋富察氏应是言语不俗之人，他们两个当是可以交心。

后院正殿的结构和中院一样，也是面阔5间，进深1间，明间开门、雕花槛窗，名曰"翠云馆"，两侧有耳房及东西配殿。弘历对于读书的喜爱在这里也得到了体现，他在东次间也设了书房：长春书屋。

弘历还有个别名"长春居士"，乃是信奉道士的雍正所赐，从这个角度，此处书房倒是有些讲究。

那拉氏在亲王府的住所没有详细的资料记载，按照身份应当和另一个侧福晋高氏待遇相同，拥有一个独立的院落，至于另外的格格使女们当是配殿偏房。

是夜，宝亲王府张灯结彩，喧嚣之中，婚礼在有条不紊地进行着。礼毕，众人散去，但见红烛下新福晋鲜艳之中透着几分沉静，床帏缓缓放了下来……

对于年轻的宝亲王而言，言语不多、性格安稳的那拉氏并没有给他带来意外的惊喜。在他看来，这位侧福晋有点木，如同温吞水一般，有她不多没她不少。因此，几天的新鲜过后就丢开了手，依然回到了机敏聪慧的高氏身边，过着红袖添香夜读书的生活。而嫡福晋富察氏倒是形容淡淡、波澜不惊的样子，对两位侧福晋尽量一碗水端平，恪尽职守做一个称职的贤内助。

对于富察氏而言，她的丈夫是一个颇懂分寸的人，他会给她应有的礼遇和尊重，他们琴瑟和谐目标一致。在她自小受到的教育中，嫉妒是一个不好的品德，作为一个合格的大福晋，理应协助丈夫管理好家室，莫要后院生非。何况，自己还有嫡子永琏傍身。

可以说，在当时的社会观念下，富察氏的思想完全符合上流社会的规则，他们需要的就是这样一个贤惠懂礼的家庭主妇。因此，弘历投桃报李给足她应有的敬重与礼遇，夫唱妇随，日子过得倒也快乐无忧。

对于那拉氏而言，这里是一个全新的世界，她需要时间去观察、适应。虽然那个面目清秀的宝亲王名义上是自己的丈夫，但是双方并不了解，一切从零开始。出于新妇的懵懂与羞涩，出于本能的自尊与教养，她并不想和任何人争宠。

基于以上原因，这三位福晋之间形成了稳定的三角关系，互不干扰，暂时过着波澜不惊的生活。

雍正十三年（1735 年）春二月，宝亲王弘历、和亲王弘昼受命和鄂尔泰等人远赴西南料理苗疆事务。据说，此事颇为棘手！临行前，两位侧福晋陪同嫡福晋富察氏为弘历默默打点了行装，见此，弘历颜色甚喜。

此时虽然阳春天气，那拉氏的心里莫名有些伤感，只是她也甚是沉得住气，脸上依然是娴雅端庄、安之若素的模样。

自从宝亲王公干之后，每日富察氏必定携了两位侧福晋到熹贵妃处早晚请安。这熹贵妃虽居高位，却是面目慈祥没有一点骄矜之气，常常如普通人家一般和几个儿媳聊一些家常话。每逢此时，那拉氏如同闷嘴葫芦一般，一句也不肯多言，恪守本分。

熹贵妃见此光景，也是略笑，偶尔和几个媳妇谈谈她们的娘家老子、兄弟们，说一些要他们好好为朝廷效力的话。

待到绿树浓荫、姹紫嫣红的时候，格格苏氏的身子越发沉重了，到了五月二十五日终于瓜熟蒂落，宝亲王弘历的第三子永璋诞生。

果然是弄璋之喜。璋，古玉也，可以用作祭礼的器具，论贵重当然不能和"琏"相比。

至此，宝亲王弘历有了三个儿子，分别是永璜、永琏、永璋。前者系格格富察氏所出，年方7岁；永琏是嫡子，嫡福晋富察氏所出，年方5岁，前程光明；永璋如前所述，他的降临为苏氏带来莫大的欢欣。

不过，小小孩儿童稚之心，他们是无分高下彼此的。新的生命让王府增添了几分欢乐气息，如同目前炎热的天气一般让大家情绪高涨。

然而月有阴晴圆缺，人有悲欢离合。七月初三日，宝亲王长子永璜之母富察氏因病离世。突如其来的事件迅速给府中诸人泼了一瓢冷水。

这位不幸的年轻女子，才刚20出头便告别了人世，如同一朵绽放枝头的鲜花，一阵风吹来瞬间凋谢，真真令人伤感。也许，这是身体疾病与医学相对落后的原因。然而，想来和长期郁闷的深宫生活脱不了关系。譬如一只天空飞翔的小鸟，自由自在，你若将它搁在了金丝笼中，生命必将委顿。

观此光景，府中诸位不免有兔死狐悲之感。弘历闻讯，堂堂男儿也忍不住红了眼睛。无关其他，与青春有关，与成长有关，她曾是他的见证人。所谓青梅竹马情，就像唐代李白在《长干行》一诗中所写：

妾发初覆额，折花门前剧。

郎骑竹马来，绕床弄青梅。

同居长干里，两小无嫌猜。

十四为君妇，羞颜未尝开。

低头向暗壁，千唤不一回。

十五始展眉，愿同尘与灰。

常存抱柱信，岂上望夫台。

十六君远行，瞿塘滟滪堆。

五月不可触，猿鸣天上哀。

门前迟行迹，一一生绿苔。

苔深不能扫，落叶秋风早。

八月蝴蝶来，双飞西园草。

感此伤妾心，坐愁红颜老。

早晚下三巴，预将书报家。

相迎不道远，直至长风沙。

　　这是一首爱情与离别的诗，其中的男女青梅竹马、两小无猜，历经了新婚的羞涩与甜蜜，情到深处唯愿两情相守同生共死。然而，甜蜜的日子总是短暂，"十六君远行"，留下她苦相守，遥相望。

　　或许，她要化作那风中屹立的望夫石吧？

　　可是现在，他回来了，她却紧闭双眼再也不会应答。昔日的红颜，将要化土、化尘、化灰……

　　此情此景，怎令人不悲伤落泪？

　　然而，格格富察氏带来的低沉气息尚未消退，一件更加令人瞠目结舌的事情发生了。

第十章　新皇登基

　　圆明园的秋天分外清冷，不时有纷纷落叶在风中无力地挣扎。从八月二十日开始，雍正的身体便有些不适，但他依旧召见朝中重臣听政办公，没有歇息。延续到了二十二日，感觉身体越发沉重了些，于是宝亲王、和亲王左右侍疾。在此期间，心腹大臣张廷玉照常进见，"未尝有间"。

　　事实上，自从 5 年前大病一场之后，雍正的身体就不大好。因此这些年比较注重身体调养，得空就和一干道士在一起谈经论道，放鹤炼丹。

　　这干道士给雍正炼就的丹药就叫作"既济丹"，就在十几天前——即雍正十三年（1735）八月初九日，他们还往圆明园送进了上好的"牛舌头黑铅二百斤"，以作炼丹之用。

　　这黑铅之中含有多种有毒元素，过量服用即可致死。细想，古往今来多少帝王贪图长生不死，反而早早毙命于丹药的荼毒之下，真是可悲可叹！

雍正亦不免俗！

就在这一天，用现在的时间来算大概是晚上 11 点左右，刚刚宽衣就寝的张廷玉忽然被一阵急促的敲门声惊醒，宫里急诏要他即刻赶往圆明园。

张廷玉跟在来人身后，心内惊疑不止，猜不到宫中出了何事。虽说皇帝今日龙体不适，但是更坏的事情他是想都不敢想的，而且看白天的情形也不至于出什么意外。

暗夜里，圆明园树叶沙沙作响，平白增添几分诡异。远远望去，寝宫方向的宫灯发出猩红的光，令人不安。一众内侍黑压压候在了西南门，看数量竟然比往日多了三四倍。张廷玉的心里不由"咯噔"一下，好歹走了进去，方才得知皇帝不好了！

顿时，张廷玉"惊骇欲绝"！很快，庄亲王、大学士鄂尔泰、公丰盛额、讷亲、内大臣海望均得到了消息先后赶来，众人齐至御榻前请安。弥留之际的雍正心智尚且清醒，向重臣授了遗诏……

之后，一行人退了出去，静悄悄候在了寝宫外玉阶之下。

但见一干御医、宫女鸦雀无声，忙进忙出，但已进药无效……待到二十三日子时，"龙驭上宾矣"！

国不可一日无君，一番忙碌之后，在诸臣众王的见证下，大学士鄂尔泰宣读朱笔谕旨：

"宝亲王皇四子弘历，禀性仁孝，居心孝友。圣祖皇考于诸孙之中最为钟爱，抚养宫中，恩谕常格。雍正元年八月，朕于乾清宫召诸王、满汉大臣入见，面谕以建储一事，亲书谕旨，加以密封,收藏于乾清宫最高之处,即立弘历为皇太子之旨也。"

1735 年 8 月 23 日,年方 25 岁的皇四子弘历灵前即位。自此,统治中国长达 60 年之久的乾隆时代开启。随后,原熹贵妃钮祜禄氏被尊为皇太后,嫡福晋富察氏被立为皇后。

是夜,大行皇帝的遗体用香汤擦洗、妆饰穿衣后,由新皇护舆、众臣紧随其后朝着皇宫而去。上空,有鸦群惊起,发出阵阵聒噪之音,围着人群所向盘旋不已。此情此景,众人更觉悲哀,一路哀声不绝,袅袅而去。

待到第二日,新皇弘历顾不得千头万绪的繁忙国事,将炼丹道士张太虚、王定乾逐了出去。可见他对大行皇帝之死猜到了几分,异常震怒!但是为了皇家脸面又公然宣称皇考对炼丹道士"未曾听其一言,未曾用其一药",真是矫枉过正之举。

或许有读者以为,以乾隆九五之尊,龙颜大怒之下为何不将二人斩首示众,以儆效尤呢?

根据清宫档案记载,从雍正八年(1730 年)到其离世,皇宫大内留下了很多道教活动的痕迹。比如有一位姓娄的道士就曾经被雍正封为四品龙虎山提点、钦安殿住持以及"妙正真人"的称号。

甚至他本人也写下了不少参禅悟道的作品《集云百问》《拣魔辨异录》等,在他本人看来儒、道、佛具有一体性:"三教之觉民于海内也,理同出于一源,道并行而不悖。"

雍正写过一首炼丹诗:

　　　　铅砂和药物,松柏绕云坛。

炉运阴阳火，功兼内外丹。

光芒冲斗耀，灵异卫龙蟠。

自觉仙胎熟，天符将紫鸾。

可见，雍正具有不加掩饰、痴迷执着的一面。与之相比，新登基的弘历就比较爱面子，能遮掩的他则尽量遮掩。

闲话不说，且说当日乾隆逐出了道士之后，唯恐皇太后钮祜禄氏听了心烦，因此严命太监、宫女不得妄传"外间闲话"。

国丧期间，后宫诸人少不得常常陪着皇太后身边，以解其心情烦闷之苦。钮祜禄氏眼见得富察氏端庄、高氏可人、那拉氏娴静，心中不由宽慰不少，和皇帝有了一番安排。

雍正十三年（1735 年）十月初八日，高氏之父高斌奏请入京觐见皇帝，乾隆批示："两淮盐政最为紧要，不必来京。若明年冬初无事，可奏请来京，汝女已封贵妃，且令汝出旗。但此系私恩不可恃也。若能勉励，公忠为国，朕自然嘉奖。若稍有不逮，始终不能如一，则其当罚，又岂可与常人一例乎。"

可见，此时诸位后妃已经各有名分，只待孝期届满就可昭告天下。

参考资料：

1.《澄怀园主人自订年谱》

2.《雍正朝起居注册》

第十一章　屈居人后

乾隆元年（1736 年）二月，根据礼部奏请皇后以及诸位妃嫔册封典礼将于二十七月后举行。至此，贵妃高氏俨然成为皇后富察氏之后的后宫第二人，本是明媒正娶的那拉氏反而位居其后。

但是从上一章乾隆批给高斌的奏折中不难发现，高氏的发达和她的新贵父亲有着很大的关系。

其人远在雍正初年就颇受重视，又经过这些年的经营越发根基了得，现在又有了这样一个深受新皇宠爱的贵妃女儿，竟如鲜花着锦、烈火烹油一般。不过高斌本人也并非妄得虚名，尤其在担任江南河道总督一职的时候，他一心一意治理河道，显示出了卓越的才能。

江南素有鱼米之乡的美誉，繁华富庶自不待言。明清两朝从南方征收来的漕粮都要经由京杭运河送达北京，由此可见保持河道畅通的重要性。

远的不说，单是康熙在位期间，为了治河、导淮、济运，曾经6次南巡视察，亲授治河方略。康熙朝的河道总督名字叫作靳辅，他继承了明朝水利专家潘继驯"束水攻沙，以河治河"的治理方法，在"蓄清刷黄"的基础上开创了"分黄助清"的办法，以此增加刷黄的水源。因此，靳辅也取得几乎和潘继驯齐名的成就，他们留下的《河防一览》《治河方略》成为了后人治理河道的典范。

乾隆的一生也在事事效法康熙皇帝：康熙为了河运六下江南，日后的乾隆的六下江南更是声势浩大；康熙朝有治河能臣靳辅，那么乾隆自然不甘落后，在他看来最合适的人选莫过于高斌。

现今江南河道总督署御碑园中，有一块乾隆御赐高斌的"绩奏安澜"碑异常醒目。

所谓"安澜"，有水波不兴、风平浪静，隐颂太平盛世之意。按照清朝的河道制度，每年如果河道堤防安好，平稳度过了汛期，那么主管河道的官员就要上报"安澜"奏疏，以表平安。在高斌担任河道总督期间，也确实付出了一定的努力，保证了河道10年的平稳畅通，从一定程度上保障了下游地区的农业丰收以及漕运畅通无阻。

连年接到"岳父"的平安喜报，这让乾隆感到异常高兴。乾隆五年（1740年）春二月，为了表示对高斌工作的肯定，御赐了《绩奏安澜》题词，并勒石成碑。同年秋十月，又赐给高斌七言诗一首：

禹功万古仰平岁，疏浚随时赖俊英。

汇浦建禾资保障，黄流奏绩久澄清。

息机早是无穿凿，顺性犹然矢朴成。

潘靳嘉猷编简在，千秋惟尔继贤声。

在这首诗中，乾隆将高斌的成就远比大禹，近拟潘靳（潘继驯、靳辅），唯愿他千百年后贤名仍然流传于世间。

可见，乾隆对于高斌，亦是知遇之恩。

由此，高贵妃内有皇帝宠爱，外有父亲增辉，风头一时无两。唯一遗憾的是，她和富察皇后几乎同时期进入潜邸，亦深得宠爱，却始终没有养育一儿半女。

其中也有传闻，雍正九年（1731 年），四阿哥弘历府中有一"官女子"遇喜，总管王朝卿差司房太监传说："四阿哥下官女子一人遇喜，每日外添肉一斤，姥姥一人每日外添肉一斤。"

然而遗憾的是，这位官女子与弘历所怀的孩子却没有出生的记载。无独有偶，到了雍正十一年（1733 年）正月，也是弘历被封为宝亲王的这一年十二月初五日，也有类似记载："苏培盛等差司房太监张福寿传说，宝亲王下官女子一人遇喜，添守月姥姥二人。"

既然有了守月姥姥，说明这名官女子怀孕月份不小，然而，依然没有出生记载。

所谓官女子，其实就是从内务府包衣的适龄女子中挑选出来充当宫女，其选拔方式和遴选八旗秀女基本相似；不同之处是，官女子的选拔周期是每年一次，且地位较为低下，大多数担任粗使宫婢的职务。

但是她们期间有人得到皇帝的宠爱，也可以出人头地，譬如这位高氏贵妃以及日后深受乾隆宠爱的令妃魏佳氏——嘉庆皇帝的母亲。

因为乾隆做皇子期间，出现的两次官女子怀孕记录，其出身与贵妃相同，所以有人推测便是寒微时期的高氏。但是毕竟没有实据，也有可能只是默默无闻的两名可怜宫女而已。

除了没有孩子这个唯一的缺憾，高贵妃的人生无疑是完美的。甚至来不及等待册封仪式，皇帝就迫不及待将她的母家由内务府包衣抬入了满洲镶黄旗，这样的恩典是异常罕见的。

嫁给乾隆仅一年多的那拉氏怎么和她相比，又拿什么和她相比？当然，在很长的岁月里那拉氏也没有孩子，这一点，她们的命运如此相似。

由此，本是排序第二位的那拉氏进入了命运的蛰伏期，并且长期默默无闻。但是她对此好像不以为意，并没有一般妇人深深的嫉妒心。总之，她心态平和，泰然处之，体现了一个大家闺秀的教养。

或许，她只是明白，在后宫本没有真正的爱情存在，她不是他的第一个女人，更不会是最后一个。如果一开始就心存期冀，终其一生煎熬，最后却落得个两手空空，那样的人生未免过于残忍。

颇懂文墨的那拉氏，也许读过唐朝诗人元稹的《行宫》：

　　寥落古行宫，宫花寂寞红。
　　白头宫女在，闲坐说玄宗。

　　漫长岁月，无论多么热烈的人生永远是别人眼中的风景。既然如此，何必卷入其中？看似熙攘热闹，其实无趣得很，何不独立逍遥做一名清醒的看客呢？

　　如此，可保自己平安，家人平安。足矣！

　　乾隆二年（1737年）冬，十二月。紫禁城喜气洋洋，皇后册封大典正式举行，百官朝贺。礼部择定了吉日，由专职官员告祭了天、地、太庙、社、稷。丁亥，上礼服，保和殿大学士鄂尔泰为正使，户部尚书海望为副使，金册金宝立嫡妃富察氏为皇后。

　　同时，命保和殿大学士张廷玉为正使，内阁学士索柱为副使，持节，以册宝封庶妃高氏为贵妃。

　　紧接着，便是那拉氏被册封为娴妃。由协办大学士礼部尚书三泰为正使，内阁学士岱奇为副使，持节。

　　册文如此说："朕惟教始宫闱。式重柔嘉之范。德昭珩佩。聿资翊赞之功。锡以纶言。光兹懿典。尔庶妃那拉氏、持躬淑慎。赋性安和。早著令仪。每恪恭而奉职勤修内则。恒谦顺以居心。兹仰承皇太后慈谕。以册印封尔为娴妃。"

　　其实这里面有着太多的冠冕堂皇，抛去这些晦涩难懂的修饰语，我们能够发现那拉是一个行事温柔、秉性安和之人。

　　"娴"之字义，通"雅"；文雅，柔美文静，庄重不轻浮的意思。

　　紧接着，同在潜邸的旧时姐妹苏氏、金氏，分别被册封为纯妃、嘉嫔。

　　值得一提的是，已于雍正十三年七月初三离世的皇长子生母富察氏，也在乾隆元年被追封为哲妃。

　　还好，乾隆是一个顾念旧时情谊的人，对于这群深宫女人来说，算得上一件幸事。

参考资料：

　　1.《清史稿》

　　2.《乾隆皇帝的香妃》

第十二章　爱屋及乌

完成了册封大典之后，乾隆与后宫女眷搬到了圆明园居住。说起这圆明园，相信很多读者都知道它有着万园之园的美誉，而笔者最初的印象是来自于童年时看过的电影《火烧圆明园》——真是令人怒火中烧，扼腕长叹！

刚开始，圆明园是康熙赐给四阿哥胤禛（雍正）的花园，待到雍正即位后，出于身体原因对其进行了拓展修建，以便"避喧听政"。

雍正三年（1725 年），为了方便日后长期在其中处理政务和生活，雍正就曾经告知吏部、兵部："朕在圆明园中与宫中无异，凡应办之事照常办理。"

基于这种完全复制紫禁城政治权力架构的思想，他们将勤政殿、正大光明、内阁六部、军机处等办事场所，以巧夺天工的方式让其矗立在这所颇具江南水乡风光的皇家园林之间。

常年被禁锢在红墙之内的后妃们对搬居圆明园自然是求之不得，每年刚过春节就兴师动众来一次大搬家，直到入了冬才恋恋不舍地回到封闭的紫禁城。

对此，乾隆曾经写了一首诗直抒胸臆："紫禁围红墙，未若园居良。"

圆明园虽然山清水秀，一派自然风光，但是它的建筑格局也和紫禁城一样，前朝后寝。

正大光明是圆明园的正殿，取自朱熹"古之圣君、贤相所以诚意交孚，两尽其道，而有以共成正大光明之业也"。这里不但是皇帝日常朝会听政之所，也是每年皇帝、皇后举办生日和重要庆典的场所。

与之相对应的是九州清晏，它位于前、后湖之间，正大光明正北方。放眼望去，只觉碧波环绕、清凉宜人、美不胜收。这里是皇帝的寝宫所在，内景布置自然是金砖铺设富贵逼人。

值得一提的是，正大光明殿西有一座长春仙馆，原名莲花馆。弘历成婚后雍正就把它赐给了这一对小夫妻，作为他们在圆明园的住所。

乾隆三年（1738年）正月，弘历正式以天子的身份进驻圆明园时，在长春仙馆另行搭建了戏台，并且按照重华宫（原宝亲王府）戏台匾额的风格款式再造了匾额、楹联。这里也就成为皇太后"每幸御园行庆度节时驻憩处所"以及皇后富察氏宴息的地方。

换句话说，兴建后的长春仙馆成了皇太后和皇后富察氏玩累了临时歇脚的地方，共同的别院寝宫。

细想，长春仙馆作为乾隆当皇子时的"寝兴"之地，也就只有皇太后、皇后能配得上这里。而皇帝的宠妃高氏则被安排在了距离九州清晏最近的韶景轩。

九州清晏往东是天地一家春，这里才是皇后和妃嫔们名正言顺的寝宫，各自有独立的院落宫门。

娴妃那拉氏和其他妃嫔一样居住在此，每日按照礼节向太后、皇后、贵妃请安，倒是皇帝那里她却很少去凑那个热闹。

长期蛰居的生活对人的健康是有害的，尽管那拉氏将男女之情不怎么放在心上，但是日复一日死水微澜地活着，对于不到20岁的年轻女子来说，的确是件难以忍受的事情。

每年春暖花开的时候，寝宫区都搭起秋千架以供后宫诸人玩耍。从表面上看，一干身份尊贵的妇人坐在了上面凭着裙裾飞扬，似乎是件有失体统的事情。其实不然，秋千原本就是北方少数民族训练身体敏捷程度的工具，自从春秋时期齐桓公讨伐北方山戎将其带回中原以后，从此演变成为妇女儿童的游戏用具了。

以那拉氏的家庭出身，少时父亲驻防时也曾带着家眷远赴边关。在风沙肆虐的草原，灵动的秋千便带给了她和母亲极大的快乐。因此，在此园林深处能够闭着双眼随风"飞翔"，便仿佛回到了无忧的童年时光一般。

无人的午后，当别的嫔妃们在寝宫春困未醒、情思绵绵的时候，那拉氏会带着贴身的宫女来到此处，坐在秋千上顺势摇摆。微闭着双眼也能感受到吊索带起的呼啸声，阳光暖暖地照射在脸上，如此惬意！

也许，这就是此生最大的幸福吧！

那拉氏没有想到，这个世界上还有和她一样的无眠之人。那一日，她原本和往常一样在秋千上闭目养神，便听得耳旁响起温和的声音："娴妃真是好兴致。"

那拉氏闻声睁眼细瞧，却见皇太后正含着笑意站在面前。她不由暗惊，脸上却丝毫不露慌张，端庄起身行了见过礼："太后吉祥。"

太后且不去叫她起身，只是打量着仍在摇摆的秋千笑说："想当年哀家玩这个也是把好手，现在倒是有心试试……算了，万一有个闪失平白连累你们受气。"

那拉氏只管低了头，面带谦卑之色。

太后看着她笑了笑："起来吧，跪着怪乏的，咱们关外的女儿原没有那么多的穷规矩。"

那拉氏应道："是。"依言起身上前站在了太后身侧："臣妾服侍太后。"

"今儿天气真好，咱娘儿俩不如四处走走，看看这园中的花开得怎么样了。"说罢，扶了那拉氏的肩只管向前款款而行。

此时正值四月天气，此二人当真好兴致，带了几名宫婢出了天地一家春，一路上说说笑笑不觉来到了后湖东岸的牡丹台。远远就看见无边的花海蓬蓬勃勃，仿若天边的锦缎不小心落下了人间一般，衬托着居中的巍巍大殿，真是金碧辉煌、气象万千。

走到近处一看，但见殿前一泓碧水荡漾，此时略显燥热的众人感到了丝丝清凉。那拉氏一手只管搀着太后，不肯失了半分礼数。

此地的太监得到消息搬来了软榻，那拉氏伺候着太后缓缓坐下。宫女端来了茶水，太后徐徐咽了，淡淡说了句："此间颜色果然不错，若是皇帝在此当有诗词佳句吧？"

那拉氏听了，也不言语，只是吩咐太监准备了纸墨，运笔挥毫：

叠云层石秀，曲水绕室斜。

天下无双品，人间第一花。

艳宜金谷赏，名重洛阳夸。

国色谁堪并，仙裳锦作霞。

然后，低语回了太后："臣妾才浅，并不会作诗，这是往日在家时常听父亲吟诵……臣妾父亲曾夸赞，先皇御诗果然不同凡品。"

太后听着，闭了眼睛半晌不言，良久缓缓抬目低声说道："难为你有心。"

"能够伺候太后，是臣妾的福气。"那拉氏有些惶恐。

太后没有再说什么，只是轻轻拍拍她的手，"走吧，陪哀家到花间走一走。"

走在了那牡丹丛中，细看之下果然是富丽之花，雍容华贵非平常可比。那拉氏心里不由暖了几分，只管陪着太后沿着花径缓缓而行。

太后像是想起了什么，脸颊上渐渐漾出了笑纹。

那拉氏赔笑："太后若是有什么好事情，让臣妾也陪您乐一乐。"

"当年圣祖皇帝就是在此处见到了皇帝，那时皇上年仅12岁，相貌清奇、唇红齿白，真真是人比花儿艳。"

"此段佳话令天下广为传颂，"那拉氏也是笑意盈盈："圣祖夸赞太后是有福之人。"

太后颔首："不错。那时先帝身边比哀家得宠的女子有很多，哀家能做的就是恪守本分，万事随缘。哀家明白，所谓有福，便是惜福。"

"臣妾谨遵教诲。"

"哀家瞧着你也是个好孩子，以后得空咱们娘儿俩多唠唠。"

春风吹拂，空气中弥漫着淡淡的花香，令人心旷神怡。

第十三章　后宫风云

深宫岁月长，娴妃每日里或者同宫中姐妹谈笑几句，或者到畅春园（冬季则是寿康宫）侍奉太后解解闷，日子也就一天天过去了。在乾隆的世界里，她似乎是一个若有若无的存在。

也许，这和她当初入府的时间比较晚有关；也许，和她的年龄和性格或者经验有关。总之，风华正茂的娴妃从来也没有刻意想要引起皇帝的注意。

现在我们将笔触再次放到乾隆身边那些争奇斗艳的女人身上，随着她们命运的流转，岁月的波浪将把我们的主人公推到前台。

先说一说皇后富察氏，这是一个贵而不骄的女人，她的身上具有许多美好的品德，对乾隆本人、前朝、后宫都有着重要的影响。多年以后，乾隆如此盛赞："历观古之贤后，盖实无以加兹。"

能够获得如此赞誉并不是一件简单的事情，别的事情不说，单就人的本性来讲，一个女人无论有多么豁达，其内心深处是根本不能接受自己的丈夫堂而皇之和别的女人卿卿我我的。

然而在古代一夫多妻的社会，这又是最习以为常的事情，为了维护这种制度，儒学礼教，三纲五常，夫为妻纲各种的无形禁锢套在了女人的头上。但是不管怎么说，古往今来有许多性格率直的女性根本就不买这个账，也就出现了所谓的"妒妇"。

最有名的当属唐初名臣房玄龄之妻，当时唐太宗李世民赐了几名宫女与他做妾，房玄龄因为惧内抵死不敢接受。唐太宗已经对他家的泼辣夫人有所耳闻，于是假作生气，派了太监带着一壶"毒酒"去给房夫人宣旨——

两条路，一是接受美妾，二是喝了这壶毒酒。谁知这房夫人是宁愿死，也不要其他的女人和她一起分享丈夫的爱。

房夫人抱着必死的心将那"毒酒"一饮而尽，结果却是安然无恙。其中的原委想必大家都知道，房夫人喝下的只是满满一壶醋罢了！

可见，即便是堂堂一国之君，在嫉妒的女人面前也是没有办法的，只能以所谓的"开玩笑"来收梢。

这样的烦恼对于唐太宗是根本不存在的，因为长孙皇后没有对同类女人的嫉妒心；而初期的乾隆也没有这样的忧虑，他的皇后富察氏是一个品德堪与千年前的长孙氏比肩的女人，她也没有嫉妒心。

她们两个都是儒家礼教培养出来的正宗大家闺秀，像嫉妒心那样的低级感情无疑会损伤她们皇后的脸面。作为补偿，她们有身为正室的尊贵与荣光，在那些妃妾面前，高高在上的主人身份足以补偿她们内心的缺憾。看到那些美丽的妾室，如奴仆一般拜倒在地向自己叩首，这是唯一的也是最好的保障。

按照当时的社会制度，姜室的家庭地位本就是仆，但是后来居上、以奴欺主的例子数千年来屡见不鲜。尽管有无数相应的制度维护女主人的利益，但是她们的地位也是岌岌可危的。在这样的情形下，一个忘我无私、心怀"大爱"的女子无疑是男人最好的佳偶。

这样的女子不是没有，长孙皇后如此，富察氏亦然。有这样的皇后辅佐，乾隆的后宫生活幸福美满、从容自得。

除此之外，富察氏还是乾隆最为贴心的知己。她也曾陪他红袖添香夜读书，万籁俱寂的深夜，他给她讲关外往事，讲王朝草创，讲清王朝开天辟地的艰难。

同为满洲后裔，这是他们共同的回忆！

那时他们的祖先尚在冰天雪地、白山黑水之间打拼，并不曾富有天下可供子孙挥霍；并不曾像现今的贵族，动辄珠翠满身、披金戴银、奢华无比。但是他们也爱美丽，于是用黄灿灿的鹿尾绒毛搓成线织在了衣袖，以充作金线。

言者或许无意，但是听者有心。富察氏也用鹿尾绒毛捻了线，用此缝好了一个燧囊献给了乾隆，以示不忘祖制。是的，她愿意与他不忘初心，共守江山。乾隆自然明了其心，将其视为珍宝，永不离身、永不离心。

在她面前，他不是高高在上的皇帝；在他面前，她亦不是娇柔作态、不食人间烟火的皇后。有一件事情，完全可以看出他们的平凡夫妻本色。

根据大学士阿贵的回忆，有一次乾隆疾患了挺厉害的疖疮，经过多方治疗才有了好转的迹象，御医一再叮嘱"须养百日，元气可复"。孝贤（富察皇后谥号）皇后为此每天晚上搬到乾隆寝宫外屋居住，尽心照料；待得百日满后，方才回到自己的皇后寝宫。

家有如此贤妻，乾隆甚至将外治国事取得的成就也归功于皇后。

也许正是因为有了这样的自信，富察氏才敢在乾隆面前自请谥号"孝贤"——

乾隆十年（1745年）正月二十六日皇贵妃高氏薨逝，乾隆为其选定了"慧贤"的谥号。眼见同在王府一起走来的姐妹就这样阴阳相隔，富察氏的心里不免有了兔死狐悲之感，她流着眼泪请求："我朝后谥上一个字皆用'孝'字，倘若他日谥为'贤'，自当终身自励，以不负此二字。"

正常情况下，皇后的谥号也只是在其身故之后，由礼部大臣初步拟定，再由皇帝本人御笔亲选。富察氏能够做出此等非常之举，一方面源于她对于夫妻关系的高度自信；另一方面也说明了她是一个为了礼、义生存的女人，她太在乎自己这个皇后的形象，不惜压抑自我。

一个人正常的感情长期得不到宣泄，对健康显然是有害的，被富察氏视为楷模的长孙皇后，也不过活了36岁。

这件事过去不久，33岁的皇后怀孕了，乾隆大喜过望，即便是皇贵妃薨逝带来的郁闷心情也随之一扫而光。

第十四章　立嫡风波

　　想要明了富察皇后此番怀孕带给乾隆真正的感受，我们先对其之前的子女状况进行一番梳理。

　　首先是他做皇子期间：

　　皇长子，永璜，出生于雍正六年（1728 年）五月二十八日，母亲为格格出身的富察氏，其后追封为哲妃、哲悯皇贵妃；

　　同年十月初二日，皇长女出生，母亲为孝贤皇后（富察氏）。这位可怜的小公主仅仅活了一周岁零几个月，于雍正七年（1729 年）十二月二十七日夭折，未进封号；

　　雍正八年（1730 年）六月二十六日，皇二子永琏出生，母亲为孝贤皇后（富察氏）；

　　雍正九年（1731 年）四月二十七日，皇二女出生，母亲为哲悯皇贵妃富察氏；

　　雍正九年（1731 年）五月二十四日，皇三女出生，母亲为孝贤皇后（富察氏）；

雍正十三年（1735年）五月二十五日，皇三子永璋出生，母亲为格格出身的苏氏，后来屡次晋封为纯妃、贵妃、纯慧皇贵妃，并被赐姓苏佳氏。

从中可以发现，乾隆在做皇子时，孝贤皇后为其生育次数最多，可见也是最得宠的；之后是哲悯皇贵妃富察氏，她为乾隆生育了两次；次之是纯慧皇贵妃一次。

撇开孝贤皇后不谈，风头最盛、晋升速度最快的皇贵妃高氏，却身无所出，或许和身体原因有关吧。然而在亲王府中，和她位次相当同为侧福晋的娴妃那拉氏也是无所出，当真是一个令人费解的谜。

乾隆登基后，册立太子就成为首要事项。尽管清朝立国以来，尚且没有嫡子继位登上九五至尊的先例，但是信仰儒学的乾隆皇帝内心非常渴望实行嫡长子继承制，以此显示清朝的正统地位。

乾隆元年（1736年）七月初二，乾隆效法其父雍正亲书密旨，立嫡子永琏为皇储，将诏书收藏在了乾清宫正大光明匾额之后。

谁知天意弄人，仅仅过去了两年，因为一场突然起来的寒疾，嫡子永琏不幸病逝，年仅9岁。

在猝不及防的状态下，一下子失去了自己钟爱的儿子、一个国家的储君，这场意外对于乾隆来讲，简直是当头棒喝！

在极其悲痛和沮丧的心情下，乾隆下诏："二阿哥永琏乃皇后所生，朕之嫡子，为人聪明贵重，气宇不凡，当日蒙我皇考命为永琏，隐然示以承宗器之意……是永琏虽未行册立之礼，朕已命为皇太子矣……朕心深为悲悼，朕为天下主，岂肯因幼殇而仿怀抱，但永琏系朕嫡子，已定建储之计，与众子不同，一切典礼，著照皇太子仪注行。"

永琏因此谥号"端慧皇太子"，乾隆辍朝五日，将其厚葬。

富察氏身为中宫皇后，内心的打击是无法用语言形容的，尽管乾隆对她宠爱异常，却总未怀有身孕，或许和她的郁闷心情有关吧？而在此期间，别的嫔妃们喜信不断，她们分别是：

淑嘉皇贵妃金氏，上驷院金三保之女，内务府汉军旗出身，也是乾隆潜邸的格格，后来奉旨出了包衣，并被赐姓金佳氏。屡次被晋封为嘉嫔、嘉妃、贵妃、皇贵妃。

从金佳氏的升迁和生育子女情况看，乾隆继位后她应当是后宫的热门人物，乾隆四年（1739 年）正月，诞下皇四子永珹；乾隆十一年（1746 年）七月，诞下皇八子永璇；乾隆十三年（1748 年）七月，诞下皇九字永瑜；乾隆十七年（1752 年）二月，诞下皇十一子永瑆。

其次便是纯惠皇贵妃苏佳氏，乾隆八年（1743 年）十二月，诞下了皇六子永瑢；乾隆十年（1745 年），诞下了皇四女和硕和嘉公主。

之后便是愉贵妃珂里叶特氏，当初她也是乾隆潜邸时便入侍，乾隆登基后只是被封为贵人，乾隆六年（1741 年）二月份诞下皇五子永琪后，同年十一月就被封为愉嫔，到了乾隆十年（1745 年）十一月又晋升为愉妃——

果然是母以子贵！

由此可见，乾隆初期比较看好年龄相仿的女性，也只有这些从少年时一起走来的红颜知己才能打动他的心扉。

　　同样都是潜邸走来的妃嫔，或许娴妃那拉氏就是因为入府最晚、和乾隆的年龄差距最大，从而无法走入皇帝的心中。

　　尽管乾隆拥有为数众多的妻妾，她们也不断地为他开枝散叶，但是始终没有中宫皇后所出的嫡子，这是他最耿耿于怀的事情。

　　随着富察氏的年龄一天比一天大，无奈之下的乾隆也许只能做出别的选择，但是不到万不得已，他还是不愿放弃。毕竟，清朝入关近百年的时间，历代统治者受儒学正统思想的影响已经非常之深，乾隆更甚。

　　乾隆十年（1745 年），皇帝对后宫又进行了一次册封，先是在正月请了皇太后的懿旨，病重的贵妃高氏被晋封为皇贵妃；娴妃、纯妃均晋封为贵妃；愉嫔晋封为愉妃；魏贵人（之后的令妃、嘉庆皇帝的生母）晋封为嫔。

　　当月，皇贵妃高氏薨逝。想来，她的晋封含有冲喜或者心理安慰的意味在其中。

　　大阿哥的生母哲妃，被追封为哲悯皇贵妃。从此间，我们可以发现乾隆对她的哀痛与怜悯之情。相比之下，日后乾隆对那拉氏的刻薄寡恩，越发让人心寒。此是后话。

　　同年，礼部正式册封的时候，纯贵妃的名号赫然排在了娴贵妃的前面，不得不让人怀疑这和那拉氏没有子嗣有关。

　　在竞争激烈的后宫，无论你的位置多高，没有子嗣的女人是单薄的，缺乏依靠。毕竟，皇帝的爱会渐渐稀释、淡去。这种刻骨的寒冷，不但娴贵妃那拉氏有着深刻的体验，只怕高高在上的皇后也是感同身受。

　　毕竟，处身于一个母以子贵的社会，规则如此，由不得你选择。在这样的情况下，皇后富察氏突然怀孕，这对于乾隆而言，真是喜从天降，简直要欣喜若狂了。

乾隆十一年（1746年）正月十五，按照往年惯例势必要在圆明园过一个热闹的元宵节。但是皇帝考虑到皇后身怀六甲，干脆一动不如一静，因地制宜在紫禁城过了一次单调乏味的节日。不过乾隆皇帝的内心，恐怕已经绽放了无数绚丽的烟花。

四月初八日，皇七子永琮诞生，这一天，恰逢华北大地久旱逢甘霖，大喜过望的乾隆忍不住写诗祝贺：

> 九龙喷水梵音传，疑似今思信有焉。
> 已看黍田沾沃若，更欣树壁庆居然。
> 人情静验咸和豫，天意钦承倍惕乾。
> 额手但知丰是瑞，颐祈岁岁结为缘。

诗中的第一句就提到了"梵音"二字，显然与佛教有关。对佛教略有了解的读者应该知道，四月初八乃是佛祖释迦牟尼的诞生日。佛教传入我国由来已久，各个朝代上至皇室下至平民信者如云，有许多人都喜欢在这一天拜佛求个平安。

皇子能够和佛祖同一个生日，乾隆有理由认为这是上天给予他的礼物。在这首诗的下面，他特意标注了一句："是日，中宫有弄璋之喜。"

语出《诗经·小雅·斯干》："乃生男子，载寝之床，载衣之裳，载弄之璋……乃生女子，载寝之地，载衣之裼，载弄之瓦。"因此古人形容一个家庭生育男孩为"弄璋之喜"，生育女孩为"弄瓦之喜"。

到了第二年四月初八这一天，永琮生日，又是天降甘霖。乾隆有理由相信，这是上天降给清王朝的福祉。于是，这位一生喜爱写诗的皇帝又一次表达了自己的喜悦之情：

> 廉纤夜雨枕边传，天眷常承独厚焉。
> 饶有若时增惕若，那无抚节庆油然。
> 啐盘嘉祉征图策，佛钵良因自竺乾。
> 恰忆去年得句日，果然岁岁结为缘。

从中我们不难发现，乾隆已然属意此子做自己未来的事业接班人。

可惜，天不遂人愿！也许是富察氏和她的孩子们福薄，当年年末，永琮感染天花而亡。

这样的变故对于乾隆犹如晴天霹雳，他在谕旨中写道："皇七子永琮……圣母皇太后因其出自正嫡，聪颖殊常，钟爱最笃"；而乾隆本人也只望"教养成立，可属承桃"。

然而也真是天不遂人愿！乾隆能做的也只是破例赐给永琮一个"悼敏皇子"的身份，丧礼从优，让他和亲哥哥永琏一起埋在了朱华山太子园寝，彼此相伴。

但是经历此事后，乾隆对于立嫡的思想产生了动摇："本朝自世祖章皇帝以至朕躬，皆未有以元后正嫡绍承大统者……似此竟成家法……朕立意私庆，必欲以嫡子承统……此乃朕过耶？"

参考资料：

1.《皇城秘史》

2.《清史稿高宗本纪》

3.《嘉庆嗣位考述》

第十五章　孝贤辞世

　　大年三十除夕夜，按照传统理应是合家欢聚共度佳节的美好时刻，长春宫却笼罩在愁云惨雾之中，无论乾隆怎样好言宽慰，富察皇后依然是以泪洗面、沉默不语。

　　乾隆的心里也很不好受，此时皇储虚位以待，只怕阿哥们人心思动，稍有不慎就会出现祖辈们当年的动荡，这是他不愿意看到的。但是他没有将自己的担忧说出来，如果皇后的身体能够慢慢复原，或许还可以从长计议。

　　富察氏的内心是绝望的，她出身名门，家境优渥，婚后夫妻恩爱，一路走来可以说是顺风顺水。自己要做的就是按照既定的路子一步一步地走，可是现在，身为中宫却连失二子，真是天不庇佑！

　　她自问平日里德行无亏，然而这一切又是为什么？她的内心每日里如同狂风呼啸，拼命想要问个答案——唉！唯有无语问苍天，而天不应。

皇后精神上的苦痛无法对人诉说，还要强自挣扎着上侍皇太后，下治内宫，身体一天天消瘦下去。

就在这个时间段，有一件事情迫在眉睫，让乾隆犹豫不决。因在前一年的六月初一日，乾隆就发谕旨要效法圣祖康熙皇帝东巡，将远赴山东曲阜拜祭孔庙。

皇帝出巡并非小事，沿途各地官员经过半年多的筹备，现已准备就绪，可是皇后的身体让他实在不放心。富察氏是个识大体的女人，她想来想去唯有陪同皇帝前行方才妥当，于是告诉乾隆自己做了个梦，在梦中见到了碧霞元君，想亲自前往泰山还愿。

这碧霞元君乃是泰山的神女，宋真宗当年曾经命人在泰山顶建立昭应祠，并且将其封为"天仙玉女碧霞元君"。到了明代，该祠被改为"碧霞灵应宫。"

乾隆一听，心里的石头就落了地，登泰山瞻礼碧霞宫本就是东巡的日程之一，如此两全其美，便是再好不过！况且拜了神女之后，或许神女眷顾自己和皇后再生个一男半女也是有可能的事情。

说起来也奇怪，临行前钦天监占星得到了异样：客星见离宫，占属中宫有眚。

虽说星象学神秘，笔者也是一知半解，但是没有疑义的是此星象和中宫皇后富察氏有关。我们来看看"眚"字的含义，按照"在线新华字典"的解释，它的本义是指"眼睛生翳长膜"；另外还有"过失，灾异"的含意。

乾隆对此也是凛然，但是他旋即想到皇七子永琮刚刚离世，皇后每日两眼含泪，岂不是正好应了此番星象？于是想当然以为灾难已解，便开始一心一意准备东巡的事宜了。说来也奇怪，就在二月初三出巡的前一天，乾隆一时间在宫中闲坐着无聊，便和了唐人诗韵《昔昔盐》玩起了组诗，写着写着连他自己也吓了一跳，但见第十九首落笔悲怆，其诗曰《一去无还意》：

> 记得分离日，相期不日还。
> 如何一契阔，长此望边关！

何以决绝如斯？乾隆惊诧的心情下也有矛盾，怀疑自己是在丧子的伤痛心情下产生的郁闷情绪，想着出去散散心也不错。

于是，乾隆十三年（1748 年）二月初四，皇帝、皇太后、皇后一行人浩浩荡荡开始了东巡之旅。此次行程穿越直隶、山东两省，长途跋涉辛苦异常。

二月二十二日，他们到达了距离曲阜尚有两日车程的河源屯，这一天正好是富察皇后的 37 岁生日，乾隆兴高采烈设宴庆贺。帝后接受王公贵族的行礼庆祝后，富察氏又按例引领公主、福晋、都统命妇等人到皇太后处行礼，最后又在自己住处接受这些贵妇人的庆贺，整整折腾了半个多晚上。待到完成这一系列繁文缛节之后，富察氏本就衰弱的身体越发感到疲惫。

二十四日到达曲阜后，他们开始按照圣祖康熙皇帝东巡时祭孔的程序，连续三天在孔庙举行繁复的释奠典礼，忙得是晕头转向。好不容易结束后，又车马劳顿前往泰安府，是夜在行宫歇息了一晚，第二天皇帝、皇后侍奉皇太后登泰山。此时的富察氏精神异常亢奋，两腮出现了红晕，身边人皆以为皇后身体好转，一时间轻松不少，欢声笑语不绝。

登上山顶后，太后率领着皇帝、皇后前往玉皇庙行礼完毕，又去了朝阳洞、碧霞宫、东岳宫、青帝宫、玉皇顶等处参拜。

碧霞宫是皇后为了促成皇帝东巡借口之处，此时二人拈香而拜，各怀心事。乾隆面带喜色，暗中求神女保佑皇后凤体安康，日后再得贵子；富察氏默默不语，心神疲惫至极，反而不知该求些什么。

这一晚，帝后宿在了山顶，星空分外明朗，乾隆皇帝激动之下，写下了《夜宿岱顶》：

攀跻凌岳顶，仆役亦已劳。
行宫恰数宇，旧筑山之坳。
迥与天为邻，滃然云作巢。
依栏俯岱松，凭窗眄齐郊。
于焉此休息，意外得所遭。
恭诵对月诗，徘徊惜清宵。
傍晚云雾收，近霄星斗朗。
仙籁下笙竽，松花入帷幌。
神心相妙达，今古一俯仰。
始遇有宿缘，初地惬真赏。
清梦不可得，求仙果痴想。

半夜里山风呼啸，富察氏但觉身体发抖，浑身发燥得厉害。

是夜辗转难眠，好容易朦朦胧胧打了个盹儿，却听得随身的宫女在御幄外低声回报："丑时已过，请娘娘更衣。"

富察氏一个激灵，强自睁开沉重的眼皮，便想起了昨晚吩咐过的，让宫女过了丑时便唤醒自己。原是要和皇帝一起到太后下榻的凤帐伺候了，一起到泰山顶看日出。

于是繁文缛节不消多说，富察氏撑着病体服侍皇帝穿衣，一起到太后那边请了安，一行人浩浩荡荡朝着日观峰去了。至此，富察氏的身体便一直不太舒服，发着低烧，但是在旁人看来，她又是极好的。好歹到了济南，在当地官员的陪同下游览了大明湖、趵突泉后富察皇后终于病倒了。

乾隆强自忍着焦虑，为了不引起外界的误解，在当地官员的陪同下故作悠闲，且在那大明湖泛舟而行，赏山赏水。眼见着三四日的工夫过了，这舜帝庙也拜了，兵营也巡幸了，海棠花也赏了。然而，皇后的病体还不见好转。

官员们看着皇帝依然是优哉游哉，并没有按照计划启程继续巡视的打算，都有点丈二和尚摸不着头脑。实在没辙了，只好硬着头皮请皇帝再度游览那趵突泉。

不说外界困惑，躺在病榻之上的皇后也感觉百般不是滋味，于是顾不上凤体有恙，只管殷殷恳求皇帝陪着皇太后先行回銮。

乾隆想来想去也只好如此，于是奉皇太后的懿旨，一行人马浩浩荡荡到了德州。可怜一路车马劳顿，富察氏已是病体难捱，不过对于她这种意志比较坚强的人，但凡有一丝丝的可能都要保持着尊严与体面。

还好到了德州就可以改水路回京，登上这艘名为"青雀舫"

的御舟，乾隆的心情瞬间大好，大概从此就可以一路通达直抵京师了，待得回宫之日就可细心调养。想到此时，他忍不住赋诗一首：

> 载登青雀舫，初试白云程。
>
> 入画看春景，匀然听水声。
>
> 岸杨烟外袅，沙鸟渚边鸣。
>
> 极目烟波意，诗裁亦觉清。

然而他没有料到，一夕之间人生剧变。黄昏，富察氏病势忽然加重，闻讯赶来的文武臣工跪在舫外遥遥祈福，御舟里面的随行御医汗滴如豆，惘然无效矣！就在这天夜里，一缕香魂随风而散，富察皇后仙逝，年仅 37 岁。

这一天是乾隆十三年（1748 年）三月十一日。

参考资料：

1.《乾隆正史》

2.《皇城秘史》

第十六章　阿哥之死

　　短短几个月的时间，乾隆经历了丧子、丧妻之痛，如此巨变几乎将他击垮。在他看来，即便贵为天子、坐拥天下又如何呢？他们都走了，带走了所有的幸福、安宁与祥和。此时的乾隆性情极度暴躁、偏执，但是对外仍然勉强保持着皇帝应有的尊严。

　　事已至此，乾隆只好命和亲王弘昼等人护送皇太后的御舟先行回京，他要留下来亲自料理丧事，守护这位陪同自己一路走来的女人。

　　三月十四日，乾隆亲自护送皇后的梓宫到达天津，皇长子永璜率领了众位大臣在此迎驾。或许是这位大阿哥的表情不够哀伤，乾隆顿时心生不悦，他甚至猜测到了他的"如释重负"之感，可怜的永璜绝对想不到浓重的乌云正在朝着他的头顶聚集。

　　此时的乾隆强自按捺住满心的怒气，对他而言首要的任务是先进行大行皇后的身后事，要让她尽享哀荣。

三月十六日傍晚，皇后的梓宫终于抵达京城，沿着东华门、苍震门，最后停放在其生前居住的长春宫。乾隆率领皇子及文武众臣举行完哀礼后，命令"履亲王允祹、和亲王弘昼、户部尚书傅恒、工部尚书哈达哈、户部右侍郎舒赫德、工部右侍郎三和等总理丧仪"。

三月二十二日，皇帝下旨大行皇后的谥号为"孝贤皇后"，回想富察氏生前自请谥号之举，乾隆如此也算是圆了她的心愿。就像他所说的："从来知臣莫如君，知子者莫如父，则知妻者莫如夫。"

痛失贤妻让乾隆失去了理智，等到孝贤皇后丧仪初定，他就将满腔的怒火撒到了大阿哥永璜的身上。抱着"子不学、师之惰"的原则，他在谕旨里对永璜的师傅们横加指责、百般挑剔，批评他们对于阿哥在孝道礼仪方面没有尽到教育的职责，以至于"今遇此大事，大阿哥竟茫然无措，于孝道礼仪，未尽处甚多"。

作为处罚，和亲王、来保、鄂容安三人，各自被罚了三年薪资；教导学习骑射、满语的满人师傅们被罚了一年薪资。而另外两名师傅张廷玉和梁诗正，因为是兼职师傅的缘故，侥幸逃过。

这还未结束，疑神疑鬼的乾隆皇帝又忍了一段时间之后，再也忍不住了，决定将心病痛痛快快在人前发泄个够。同年六月，他发布了长篇谕旨坦白心意，明说此次孝贤皇后离世如此哀痛，其一是因为和皇后二十二年伉俪相得的夫妻之情；其二是因为"宗庙社稷神器之重，付畀不得其人，朕每一念及，深为心悸"。

虽然大清王朝的储君之位空虚确实是一件令人忧心的事情，但是遭此变故也不是谁愿意看到的，而且对于接班人的考察、培养也不是急于一时的事情。可惜乾隆的心已经失去了平衡，桩桩件件都是不如意的事情，且无限放大。

他对大阿哥永璜丝毫不留情面，用公开的方式严词训诫，数落其在皇后的丧事中，"一切举动，尚堪入目乎？""朕当时心中愤懑，想下旨切责其昏庸不孝，但不孝之罪重大，他当不起。所以朕才强压怒气，委婉施恩将他开脱，以全其生路。倘若朕当时即将他的不孝之处表白于外，试问他还能苟活于世吗？"

唉！可怜的大阿哥，他所有的错只是在迎驾的时候看起来茫然无措而已，对大行皇后不孝的罪过他又如何能背得起？

想必，此时此刻跪在殿堂的大阿哥已经是诚惶诚恐、汗如雨下。所谓伴君如伴虎，那个高居宝座之人此时并不是他的父亲，而是大清帝国的皇帝，雷霆大怒想要毁天灭地的皇帝！

"以彼之愚见，必谓母后崩逝，弟兄之内唯彼居长，日后除彼之外，谁克肩承重器？"

果然，愤怒中的乾隆彻彻底底将自己的心事暴露出来，什么昏庸不孝，统统都是借口！他所害怕的，是在丧后绝嫡的情况下，大阿哥理应是第一顺位继承人，但又是他目前所不能接受的。

此时的乾隆一定想起了昔日的九王夺嫡、八王之乱，想起了他那莫名其妙死去的哥哥弘时。从前的种种，如同缭绕的浓雾将他围绕，幻化成了种种奇形怪状的心魔，他害怕一旦处理不好，皇子们将烽烟再起，大清江山不稳。

此时的永璜耳边只有父皇暴怒的声音，几乎要将他摧毁。

"如此一来，倘若大阿哥妄生觊觎，或者其师傅或随从太监等从中怂恿，难免旁生事端。试想皇位继承乃是仰承祖宗统绪、垂及子孙的大事……朕以前就多次与讷亲、傅恒说过，大阿哥断不可立，看来一点不假。"

所谓擒贼先擒王，乾隆现在想的，就是要彻底断了这些年龄稍长的阿哥们狂妄的念头，让他们从此以后规规矩矩，至于其他的阿哥，最大的刚刚10岁，实在没有动火的必要。

于是他骂完大阿哥，接着又开始数落三阿哥，大意是本来还以为你是个可造之才，但是通过今次的表现才发现你也是个没用的等。

乾隆骂完后，将两位阿哥一归纳，下了个结论："此二人，断不可承续大统！"发泄完情绪，他的心里也舒服了，不过好像还担心分量不够重，又进行了重申："不孝之人，岂可承续大统？朕于此等大事，绝无食言之理。"

可怜的两位阿哥，遭来这一顿晴天霹雳，几乎吓得半死。但是乾隆意犹未尽，还在龙座之上为他们规划着美好前程："大阿哥是朕的长子，三阿哥年亦稍长，如果安分守己，日后总能膺受亲王、郡王或贝勒之封……"

乾隆只顾着率性而为，想骂就骂，借着一些由头来达到自己想要的目的，可是他忘了自己的皇帝身份，凛凛皇威之下，搅动的可是惊天的巨浪。相隔不到两年，大阿哥永璜惊吓过度而死，弥留之际他告诉自己的父皇："不能送皇父矣！"

身为人子，不能活着为父尽孝，养老送终，是永璜最大的遗憾。拳拳赤子之心，这样的皇子，当真不孝吗？

纵然是铁石心肠，也要为之落泪了。乾隆含着泪说："吾今反送汝耳！"

世间最悲，莫过于白发人送黑发人。可惜，悔之晚矣！

此时的乾隆涕泪横流，心痛无以复加，他在挽诗中写道：

灵楯悠扬发引行，举楯人似太无情。

早知今日吾丧汝，严训何须望汝成？

三年未满失三男，况汝成丁书史耽。

见说在人犹致叹，无端丛己实何堪。

书斋近隔一溪横，长杏芸窗占毕声。

痛绝春风厩马去，真成今日送儿行！

此诗句最后，乾隆标注："（大阿哥）弥留之际奏朕云：'不能送皇父矣！'朕含泪告之：'吾今日反送汝耳！'言犹在耳，痛何如之！"

此番被连带训斥的三阿哥，也是终日生活在惶惑之中，从此生活在人生的阴暗之中，夹着尾巴做人。乾隆二十五年（1760年），亦是含恨而去。

第十七章　丧葬风波

　　如果说乾隆在孝贤皇后丧葬期间对两位阿哥的申饬，是因为顾忌到储君问题意有所指的话，那么在朝野上下引起的轩然大波就有些匪夷所思了。

　　对于朝臣们而言，他们遇到的第一个问题就是孝贤皇后病逝时乘坐的那艘御舟——为了睹物思人，乾隆下令将之运到京城保存，以供随时哀思。可是当手下的那些兵丁、民夫们费尽九牛二虎之力，押运着御舟来到城门外时，才发现了城门太小，而御舟太大，显然是无法保证其完好无损地进入。

　　乾隆得知后，二话没说，就一个态度：将城门拆了！

　　就在大家手足无措之际，礼部尚书海望灵机一动，想出了一个主意。下令在城墙垛口上搭建木架，设置木轨，并且在轨道上用新鲜的菜叶进行涂抹。然后，上千民夫拼尽全力推拉挽拽，青雀舫沿着木轨终于顺利进入城中，城楼也得以安全无恙。

乾隆做的第二件事情，就是将皇后生前居住的长春宫保持原状，就那么几十年不动，为了睹物思人。一直到乾隆六十年（1795年），都不允许其他的后妃居住。

不过这两件事和伴随而来的"剃发案"比起来，就是小巫见大巫了。

话说这孝贤皇后既崩，首要任务便是制定丧仪安慰亡灵了。通常情况下，夫妻之间一方去世，另一方是不穿孝的，披麻戴孝那是儿女们和晚辈亲属的事情。可是乾隆对于孝贤皇后的离世，却是恨不得与之同生共死，偏偏要反其道而行。

看这架势，总理丧仪的大臣们担心惹皇帝不高兴，给自己找来麻烦。于是他们只好放着本朝会典不用，又是考周礼、又是据明典，商量出了一套超规格的丧仪标准：

一、皇帝持服用素绸，九日不办事。

二、妃嫔以下、皇子、皇子福晋，全部穿白布孝服，截发辫、剪发。

三、王以下文武官员及公主福晋以下、乡君奉恩将军恭人以上、民公侯伯一品夫人以下、侍郎男夫人以上、皇后姻戚男妇、内府三旗佐领内管领下官员、护军领催等之妻、内管领下几筵前执事男妇、并革职宗室觉罗等，俱成服，齐集举哀。

四、外藩额驸王公台吉公主福晋郡主等、朝鲜国使臣、于服内来京者，亦成服。每日三次奠献。

五、诸王以下文武官员，俱斋宿二十七日。

六、今大行皇后崩逝，正四海同哀之日……令在外文武各官，于奉到日为始，摘冠缨，齐集公所，哭临三日，持服二十七日。

七、亲王以下，凡有顶戴官职在身的满汉文武大臣，统统在百日后才准剃头；

八、二十七天内禁止音乐嫁娶，违者重罚；京城所有人员，男摘冠缨，女去耳环。

由此便引起了让百官惶惶不可终日的丧葬风波。现在我们说说上面这百日不剃头的事情。按照儒家学说，"身体发肤受之父母，不敢毁伤，孝至始也"。但是清朝入主中原后，全国上下必须按照满洲风俗将前额的头发剃去，形成了前面半个光头，后面垂着发辫的样子。

大家想想看，后面扎着辫子的还好说，只是这前面，忽然间百日不剃头，该是怎样乱糟糟的形象？

两个多月后，终于有人憋不住了，第一个被举报擅自剃头的人是奉天锦州知府金文淳。正窝着一肚子的火的乾隆闻此，马上下令要将其诛杀。

见此光景，刑部尚书盛安为金文淳说了几句话，认为其不过是个区区"小臣"，且"罔识国制……情可矜恕"。乾隆听后龙颜大怒，怒斥盛安："难道你在为他求情吗？"对此，刑部尚书是这样回答的："臣为司寇，尽职而已，并不识金某为何人。如枉法干君，何以为天下也？"

正所谓君子坦荡荡，盛安依照国法据理力争，也是尽职之举。但是被愤怒冲昏头脑的乾隆已经丧失了理智，当场怒喝侍卫将刑部尚书盛安也绑了起来，让他陪着金文淳一起赴死。

盛安怒极反笑，说了最后一句话，"臣有负于朝廷之恩"。之后抱着必死的心，任凭侍卫们押解奔赴刑场去了。

经此大变，大殿之上鸦雀无声。许是感觉到了大家的异样，乾隆也慢慢冷静下来，仔细琢磨了一通：盛安说得也没错啊！虽说依照满洲祖制不允许大丧期间剃发，但是毕竟于法无据。一旦醒悟过来，乾隆急忙派人快马加鞭将金文淳和盛安当场释放了。

事情发展到这个阶段，乾隆的表现还不失为一国之君的风度。所谓不知者不为罪，他为此专门下旨将"国恤百日不得剃头，违者立即处斩"列入了《大清会典》。

按理说既然皇帝郑重其事将此事列入典籍，臣下们就该谨慎自重才是。但是很快又有人顶风作案了，这个人是江南河道总督周学健，更糟糕的是他的属下们也跟着群起而效尤——这事就有点闹大了！

乾隆得接到举报后二话不说，旋即派人将其押解进京，待问其罪！

其他那些违制剃头的大臣们见状纷纷出来投案自首，希望争取宽大处理。这些人包括湖广总督塞楞额、湖北巡抚彭树葵、湖南巡抚杨锡绂等属下文武官员。

如此接二连三，恐怕就连乾隆本人都没有想到，在他看来这些所谓的臣下根本就没有把孝贤皇后放在眼里。如此不忠不孝之人要他们何用？结果，周学健被摘掉头上顶戴，发派到直隶修城建郭去了；可惜此人仍不知悔改，竟然借机贪污受贿，事发后再无可赦只好自尽！湖广总督塞楞额也落了个自尽的下场，至于其他官员，也多是被革职处理。

眼见手下官员个个如此行为，盛怒之下的乾隆索性将在皇后丧期剃发的人们挨个敲打一通，连同那些没有来京祭奠皇后的旗人官员们也跟着一起倒霉了。

总之，凡是沾上此事的官员们，无论是都统、将军还是总兵，统统被连降两级。在这场皇后丧仪引起的剃发案中，里里外外受罚的高达上百名官员。

除了剃发风波外，在孝贤皇后丧葬期间，还有两件事也是比较令人纳罕的，值得一提。

一个是翰林院官员在上奏大行皇后册文的时候，将其中的"皇妣"二字错翻译成满文的"先太后"。暴怒中的乾隆认为他们有"大不敬悖谬"之处，结果将翰林院的掌院学士阿克敦判了个斩监候，秋后处决。

尽管乾隆最后加恩宽释，留了阿克敦一条命，但是如此严苛冷酷，足以让人寒心了。

第二个是一贯以文章见长的张廷玉，他在当年十月份领衔撰写孝贤皇后的冬至祭文时，因为其中使用了"泉台"二字。乾隆认为配不上先皇后的尊贵身份，结果张廷玉被罚俸一年。

紫禁城内秋风萧瑟，人人自危，他们终于发觉此时的乾隆性情大变，由从前的宽容转向了严苛冷酷，任意施威。

参考资料:

1.《清实录》

2.《乾隆乌喇那拉皇后剪发事因新证》

3.《乾隆御制诗文全集》

第十八章　崭露头角

随着前朝的一片肃杀之气，后宫的气氛也不觉沉闷起来，人人小心。特别是纯贵妃，忽然间三阿哥就被皇帝严词训诫，身为亲额娘自然觉得面上无光，但是人前也得强自撑着。

皇太后本是历经康雍乾三朝之人，见得世面也多，因此也理解儿子的良苦用心，只是没想到他的手段如此凌厉。

这一日乾隆前来寿康宫请安，眼见得皇帝形容憔悴，钮祜禄氏忍不住落下泪，哽咽道："儿啊，你何苦如此？"

乾隆赔着笑脸："儿子让皇额娘担忧了。"

钮祜禄氏微微摇头，没有言语，手里握了一把团扇只管轻轻挥动……

乾隆忙侧立太后身畔，展开了御用的折扇伺候着。半晌，皇太后方才颤巍巍地说出一句话："皇帝要节哀才是。"

闻得此言，皇帝急急请罪："儿臣谨遵母后教诲。"

皇太后只管言道："皇帝有哀家疼爱，可惜了我的大阿哥是个没娘的孩子，若是哲悯皇贵妃在世，岂不是要疼死？"

"儿子这样做，也是为了社稷江山着想。"皇帝的眼圈似乎泛了红。

"皇帝为了社稷江山，哀家也是为了社稷江山。"皇太后沉吟着："中宫虚位，内治需人，皇帝若是不早早定夺，只怕会再生事端，反为不美。"

乾隆的心有如打翻了五味瓶一般，百般不是滋味。这样的道理他自己何尝不知，只是孝贤皇后离世不久，于本心却是万万不愿。奈何形势如此，这乱麻似的前朝后宫，若是有人趁机勾结，只怕到时后悔不及，也罢！

想到此处，他长叹一口气，回禀了太后："全凭皇额娘做主。"

皇太后却不接了这话，只是说道："哀家瞧着嘉妃的好日子近了。"

乾隆形容淡淡："儿臣已吩咐了御医，每日里为嘉妃把脉，悉心调理，想必不日便有好消息告诉皇额娘。"

至此，钮祜禄氏已然确定皇帝心中所想，嘉妃再得宠些也不过如此。堪当皇后之位的，须得出身名门性情贵重，有母仪天下之风。这样看来，未来皇后之位的人选除了娴贵妃那拉氏，再无旁人了。

想要明白其中道理却也简单，先前我们说过，清朝选妃重德不重色。这所谓的"德"，其实就是她们的门第出身以及资历。截至乾隆十三年，后宫之中位次较高的内廷主位分别是：纯贵妃苏氏、娴贵妃那拉氏、嘉妃金氏、愉妃珂里叶特氏、令嫔魏氏、舒嫔叶赫那拉氏、怡嫔柏氏。

另外还有几名乾隆做皇子时就侍奉在侧，或者执政早期充入后宫的女子，分别是：贵人陆氏、贵人巴林氏、贵人陈氏。

上述所有可能的皇后候选人，基本可以划分为四个等级，位份最高的当属纯贵妃苏氏和娴贵妃那拉氏；其次便是嘉妃金氏、愉妃珂里叶特氏；之后是令嫔魏氏、舒嫔叶赫那拉氏、怡嫔柏氏；最末便是贵人级别的陆氏、巴林氏、陈氏；至于常在，以她们在嫔妃中如此低的身份，自然是身份不到或者是姿色普通，况且其人数众多，也就不做统计了。

从出身上讲，大致可以分为三类：满洲，娴贵妃那拉氏、舒嫔叶赫那拉氏；蒙古，愉妃珂里叶特氏，贵人巴林氏；其余的不论位份高低皆为汉姓女子。

清朝的联姻历来比较务实，最初清太祖在统一女真各部的时候，他的婚姻对象基本是满洲各部的首领家族之女，其中皇太极的生母孝慈皇后就来自海西女真中实力最强的叶赫部落。

当时，努尔哈赤及其部下曾经发出"撼明朝易，撼叶赫难"的感慨。能够拉拢这样强悍的部落，自然成为首要任务。因此叶赫那拉"入宫"的时间虽然比元妃佟佳氏和富察氏都晚，但是因为其父叶赫首领杨吉砮的威名，备受优待，最终她的儿子成为了皇位继承人。

随着满洲女真逐步统一之后，皇太极就将目光放到了最需要联盟的蒙古族尤其是科尔沁部落，结果就出现了"崇德改元，五宫并建"的现象。

在前几章我们就对崇德五宫介绍过，崇德五宫都是来自蒙古科尔沁部落的王公贵族之女，其中以孝端皇后哲哲为尊，最著名的孝庄文皇后（顺治皇帝的生母）是孝端皇后的亲侄女。

清朝初期需要联络蒙古稳定社会关系，因此也是他们最稳定、最甜蜜的时期，顺治皇帝甚至下诏许诺"朕世世为天子，尔等世世为王"。在这样的背景下，他的两任皇后都出自蒙古科尔沁的博尔济吉特氏。

从康熙时代开始，清朝后宫就有了微妙的变化，尽管有"不蓄汉女的祖制"，但是汉族出身的后妃已然占了相当的比例。

比如康熙皇帝的生母佟佳氏，以及他的孝懿皇后、皇贵妃章佳氏、佟佳氏和众多的汉姓妃嫔；雍正朝有敦肃皇贵妃年氏、纯悫皇贵妃耿氏等；至于乾隆皇帝，生前最得宠的皇贵妃高氏便是汉姓包衣出身，以及大阿哥的生母纯贵妃等。

需要说明的是，这些汉姓女子"皆汉人而投旗者，故称为某佳氏。佳者，家之谐音也"。

在清朝统治者的心目中，这些投旗的汉人和普通的汉人是有区别的，所以随着时间流逝，各民族之间的壁垒也就慢慢打破，渐渐融合，这些女子随着母族在朝廷的位置轻重以及自身的受宠程度，做到了受宠嫔妃的位置。

但是她们想要真正实现平等，坐镇中宫却是困难重重。比如康熙皇帝的生母佟佳氏，也是因为儿子当上了皇帝，才死后哀荣被追封了皇后；而孝懿皇后本是康熙亲舅舅佟国维之女，即便关系如此亲近，她也只能在临死前享受上不到一天的皇后尊荣——即便如此，在她们晋升前，皇帝还要对其母家进行抬旗，出了原先的汉军旗，进入满洲上三旗，置换出一个显赫的身份，也因此开创了后宫贵妃以上女子均要抬入满洲上三旗的规矩。

再如，雍正朝的皇贵妃年氏和乾隆的皇贵妃高氏，都是临死前被封为皇贵妃。

所以，汉姓女子在生前再得宠些也顶多升到贵妃的位份。

从出身的角度考虑，纯贵妃等人就被无情淘汰了，只剩下了满洲的娴贵妃那拉氏、舒嫔叶赫那拉氏和蒙古的愉妃珂里叶特氏、贵人巴林氏。

在这四人当中，无疑娴贵妃那拉氏位份最高，资历最深；再者早期的乾隆从感情上，似乎更倾向于和自己年龄相当的女子。那么，比皇帝年龄小了将近 20 岁的叶赫那拉氏和刚满 20 岁的巴林氏显然太小了一点，根本不具备坐镇中宫的能力。

愉妃珂里叶特氏，她是五阿哥永琪的生母，但此时皇子母亲的身份带给她的并不是荣耀。孝贤皇后和两位嫡子的先后离世，乾隆已经借着训诫大阿哥和三阿哥的机会，着实敲打了前朝重臣和后宫各位阿哥，包括他们的母亲一番。

对于将来接班人，乾隆现在要做的就是长期的考察和培养，现阶段，他不会给任何人妄想或者错觉。所以，一旦册立任何一位皇子的母亲为皇后，这位皇子的身份将会变得异常微妙，这是他万万不能容忍的。

现在，他需要的是一张白纸重新描绘未来。从这个角度考虑，不但是愉妃，可以确定所有皇子的生母都被排斥在中宫之位以外了。

所以，一切已经昭然若揭，从王朝的未来考虑，还有谁能比娴贵妃那拉氏更为合适呢？

一、出身高贵；二、位份尊贵；三、资历最老，对乾隆的脾性最为相熟；四、也是最重要的一点，身无所出，最为清白。

知子莫若母，看似乾隆将前朝后宫折腾了人仰马翻，但是透过重重硝烟，精明过人的崇庆皇太后已经将皇帝的心事猜了个透。他们母子一生关系亲密，并非简单的母子亲情，其中也有在许多事情上的默契。皇太后借着嘉妃即将孕产的机会试探了皇帝的心意，果然不出所料。

大事已定，剩下的就是时间以及皇帝心结，钮祜禄氏相信，他们母子必将迈过这一道坎儿。

参考资料：

1.《清代外戚概观》

第十九章　摄六宫事

　　然而这一道感情的坎儿对于乾隆来讲并非易事，是夜，他独自一人就寝，辗转反侧，久久不能成眠。

　　此时虽然时值盛夏，可是在乾隆的眼里竟是冷月孤灯，凄冷难耐。好容易到了夜半时分勉强合眼，依稀仿佛闻到了兰麝的芬香，他便知道是他的皇后回来了，仍然是生前的模样——窈窕的身姿，秀美的容颜，还是那样的温柔……

　　"皇后！"乾隆两眼含泪大叫一声，猛然睁开了眼，这才发觉四周一片漆黑——又是梦一场！

　　听到皇帝的叫声，伺候在外屋的太监急忙掌灯入内，有人奉上了茶水。

　　乾隆含了一口茶，漱漱口吐在了痰盂之中。之后，他长长叹了一口气，疲倦地挥挥手，示意他们出去。

这段时间，宫内人人小心，随身的太监也见惯了皇帝此番状态，因此也不多言，只管躬身退了出去。

皇帝疲倦地合着眼睛——也许，皇后还会再来吧？

如果能够梦中常相会，唯愿长睡不醒。

然而存了此等心事，却再也无法入眠，偶尔听得屋外的似有声响，待他屏气凝神，又是寂寂无音。夜半时分，只觉龙榻空旷得让他害怕，难言的孤独之感涌上心头。

夏季夜短，辗转之间夜色似乎已变淡了些。乾隆咳嗽了两声，外面的太监闻讯奉来了止咳的汤药。

"朕这是老了吗？"乾隆自嘲的苦笑泛在嘴角，而此时他不过 38 岁，正是人生的鼎盛时期，却因为痛失元后心力交瘁。

"伺候朕笔墨。"乾隆吩咐道。

"嗻。"于是一干人等伺候皇上更衣，东暖阁龙案之上有太监准备了纸墨。

不必多言，皇帝在冬暖阁又是一番思量，之见他落笔如下：

> 心内芳型眼内容，但相关处总无惊。
> 思量不及蓸腾睡，犹得时常梦里逢。

如此情深，既有孝贤皇后在前，天下又有何等女子能够进入乾隆皇帝的内心呢？

只怕是做人难，难做人！凡事就怕处处有人比着，如此纵是有千般温柔也成万般不是了。

约莫四更时分，乾隆已然出了养心殿，朝着宫门走去。穿过重重宫院，果然是朝着长春宫去了。

不说乾隆怎样去与那过世的皇后相思，怎样上了早朝处理政务。只说那寿康宫内，娴贵妃正伺候着太后用早膳。

钮祜禄氏吃了两口，又放下了，若有所思。

那拉氏见状，又捧过一碗粳米瘦肉粥来，呈在了太后近前。

"皇帝这段时间憔悴了不少，哀家着实难安。"钮祜禄氏叹了一口气。

"太后凤体尊贵，一定要保重才是。"那拉氏为太后摆放了两碟小菜，此刻竟不知该说些什么：皇上与孝贤皇后情深，怎是她可以随便置喙的？

"臣妾愿意就此陪着太后，伺候太后。"她想了想，剖白了心迹。

能够陪着太后平安喜乐，怎么着也比在后宫之中纷纷扰扰好过一些。若不是这样想，她这10多年又是怎样过来。

他对自己敬爱有之，礼数也未曾欠缺，然而总是远远的、淡淡的，隔着一层纱，千重山。她的心里已然不做其他念想。

这时，有宫女回禀："嘉妃前来给太后请安。"

钮祜禄氏淡淡地笑着："也难为她了，快请进来罢。"

说话间，嘉妃金氏挺着快足月的身子小心走了进来，待要给太后下拜。

"免了，你这身子也不方便。"便有宫女小心搀了嘉妃。

"见过娴贵妃。"嘉妃朝着那拉氏低首施礼。

娴贵妃也随之回礼，吩咐人将嘉妃让在了软榻上，尔后向皇太后行了礼待要告退，却见太后含着笑说："且坐着吧，陪我这老婆子多说两句，消磨消磨时间也好。"

那拉氏低头称是，一面站在了太后身侧接过了宫女手中的扇子，一面悄声吩咐人去炖一些红枣银耳粥来。

过了几日，皇帝吩咐手下太监将养心殿东耳房收拾一番，娴贵妃那拉氏就此搬了过去陪伴圣驾。

待到七月初一日，乾隆发布了上谕，册封那拉氏为娴皇贵妃，摄六宫事。

在这份谕旨中，乾隆明确说明是奉了皇太后懿旨，由娴贵妃那拉氏"继体坤宁"。但是考虑到孝贤皇后新丧，皇帝心有不忍，提出在皇帝 40 岁生日之前为新皇后那拉氏举行册封典礼。

对此，皇帝本人的意见是，以他和孝贤皇后 20 多年的夫妻感情，即便是如此，还是过快了。对此，他提出了解决办法就是将那拉氏册封为皇贵妃，摄六宫事。

简单来说，就是可以给她皇后内治后宫的权力，只是暂时不想给她皇后的名分——因为，那是孝贤的位置，独有的。

为了给这个略显尴尬的位置合法化，乾隆还抬出了明太祖淑妃李氏、宁妃郭氏以及清世祖顺治朝的董鄂氏，都曾经摄六宫事。然而这些旧例和现今还是有些不同的，比如明太祖的马皇后崩，曾由淑妃李氏和宁妃先后摄理六宫，但是朱元璋从来没有打算让她们成为皇后，因此没法和今日的娴皇贵妃相提并论。

再说董鄂氏，她的摄理六宫是因为顺治皇帝专宠的缘故，才会出现和皇后博尔济吉特氏并存的局面，也不能同日而语。

不管怎么说，那拉氏准皇后的身份是确定了，一路风雨，带着皇帝对前任皇后深刻的思念。

也是奉了皇太后谕旨，嘉妃晋封为贵妃，令嫔、舒嫔晋封为妃,陈贵人晋封为嫔。

至此,后宫嫔妃位次分明,秩序井然。分别是,皇贵妃1人,娴皇贵妃那拉氏;贵妃2人,纯贵妃苏佳氏、嘉贵妃金佳氏;妃3人,愉妃珂里叶特氏、令妃魏氏、舒妃叶赫那拉氏;嫔2人,怡嫔柏氏、婉嫔陈氏。

参考资料:

1.《清实录》
2.《皇城秘史》

第二十章　翻惹无端

随着那拉氏被册封为娴皇贵妃，摄六宫事，后宫暂时安定。然而前朝纷扰，让乾隆的内心颇不安宁，如此头痛的事情就是后来被计入十大武功的金川战役。

乾隆十一年（1746 年），大金川土司莎罗奔欺负小金川土司泽旺以及明正土司。乾隆因此派出张广泗任川陕总督率军剿乱，不料大金川土司莎罗奔拼命反抗，朝廷大军竟然连连失利，没有讨得丝毫便宜。

这一年，也是屋漏偏逢连阴雨，三月份孝贤皇后崩逝，四月份金川战事不利。消息传来，乾隆立刻派出视为股肱重臣的军机处领班大臣讷亲前去增援。谁知这二人竟是互不配合，遭逢大败！

本就心情焦虑的乾隆皇帝顿发雷霆之怒，当年十二月，他在瀛台亲审张广泗。许是求生心切，这位久经沙场的老将口不择言说了这样一句话："但知皇上慈仁，不知皇上英武。"

这样的话语在经受巨变的乾隆听来甚为刺耳，还在朝堂之上发了一通感慨："朕闻之，深为抱愧。水懦而玩，亦朕所深戒！"

于是，张广泗被处斩。一个月后，有着皇亲贵胄身份的讷亲被军前处斩——他的姑姑是康熙的第二任皇后钮祜禄氏。

连失两名主帅，并且深陷战争泥沼的困境让乾隆非常烦恼，就在此时，孝贤皇后的亲弟弟傅恒请缨带兵前往金川平乱。一听此言，乾隆的精气神都提上来了，立刻任命他为川陕总督、以及保和殿大学士，主宰金川前线所有事务。

临行前，皇帝殷殷期盼，重华宫赐宴后令皇子以及大学士来保等人浩浩荡荡将其送到了良乡。似乎，他将孝贤皇后所有的爱都寄托到了傅恒身上。

这厢，傅恒刚刚带领大队人马到了四川，那边乾隆皇帝的嘉奖也到了。傅恒加封太子太保，并军功三级，嘉奖令上说他："自奉命经略以来，公忠体国，殚精愦忧，纪律严明，军行甚速……自非一颗丹心，心坚金石，安能若是。"

还好，傅恒此番出征也算对得起皇帝姐夫的一片苦心，首战就取得了胜利，让乾隆喜不自胜。

同样的兵丁，同样的对手，难道果然是傅恒指挥有方吗？其实，话分两头，主要还是乾隆此次启用的大将岳钟琪厉害。此人早在雍正年间就和大金川的土司交过手——论武力，莎罗奔不是他的对手；论人情，岳钟琪在雍正皇帝面前为他请过官爵，一方"金川安抚司"的印信。

基于这两方面的原因，大金川土司莎罗奔索性率部投降了，也因此成就了傅恒的一番功名。

但是这不等于是说傅恒是个碌碌无为之人，最起码和讷亲相比，他并不揽权自重，懂得放手让部下发挥最大的价值。从这个角度说，傅恒能在乾隆朝做好一辈子的首席军机大臣，还是有一定能力的。

不管怎么说，金川平定，傅恒胜利归来。皇长子率领了王大臣迎接到了黄新庄，犒劳三军，主帅朝堂受赏。乾隆下令，为傅恒建立宗祠，标准按清朝开国功臣额亦都、圣祖康熙皇帝的亲舅舅佟国维的办理。傅恒的曾祖父哈什屯、祖父米思翰、父亲李荣保三代入祠，春秋两季官为祭祀。同时，追谥李荣保为"庄恪"。在东安门赐建傅恒之府邸。

如此隆恩，真可谓皇恩浩荡矣！

或许，在此时乾隆的心里升腾起一个念头，如果孝贤皇后还活着该多好！想想不久之后，将有另外一个女人来接替她的位置，五脏六腑竟如刀割一般。

在这样的心境下，恰逢两个月后娴皇贵妃的册封典礼，两相映照，便有了这首《翻惹无端》的诗篇：

> 番服徕桑奏凯旋，更欣春雨遍公田。
>
> 深叨慈训蕆荒定，敬奉鸿称钜典传。
>
> 和众安民常切切，持盈保泰益乾乾。
>
> 六宫此日添新庆，翻惹无端意惘然。

诗后附有说明："金川纳降奏凯，悉由圣母慈训，既敬上徽称以崇钜典，并遵皇太后懿旨册封摄六宫事皇贵妃礼既成，回忆往事辄益惘然。"

然而，无论乾隆的内心怎样烦恼，对于未来的皇后，他还是尽可能帮她理顺道路。

比如这一次的册封典礼，由于娴皇贵妃和嘉贵妃是同日晋封，而皇贵妃和贵妃在接受公主福晋命妇们的行礼时是没有区别的，这样从表面上就造成了"两宫并尊"的假象。

这种位份尊卑带来的礼仪纠纷，颇让公主命妇们纠结无措，最后还是乾隆自己拍了板，明确说明嘉贵妃前不必行礼了。给出的理由是，像慧贤皇贵妃那种"初封即系贵妃"的身份自然尊贵，得享公主、王福晋、大臣命妇的叩头；如果由妃位循序渐进晋封为贵妃的，仪式"较当略减"——

乾隆十年（1745年），纯贵妃、娴贵妃晋封时就没有受公主、王福晋、大臣命妇们叩首行礼的待遇。

所以，由妃位晋封嘉贵妃自然要遵照前例"不必行礼"，也就和摄六宫事的娴皇贵妃拉开了等级。

但是在亲蚕礼的事情上，乾隆可就没有这样仗义执言了。

亲蚕，语出《春秋·谷梁传》："天子亲耕，王后亲蚕。"

我国古代是一个男耕女织的社会，远在周朝隆重的国家祀典上，就形成了"天子亲耕南郊，皇后亲蚕北郊"的制度。它的本意是通过国家领导者亲历作为的方式，来表达对农业和蚕业的重视，以此教化民众。

由于清朝之前系渔猎游牧民族，立国后为了体现它的合法性，历朝历代的祭祀礼制也就成为了重要的表现手段，其中包括男耕女织的农桑文化。

自康熙开始，清王朝就建立了蚕舍，进行种桑喂蚕、摘茧缫丝，并随之设立了专门的织染局加工皇家自产的蚕丝。到了雍正年间，河东总督王士俊、侍郎图理琛提出了建立先蚕祠的设想。

王士俊在奏章中提到："百神各依本号，如农始炎帝，止称先农神，则蚕始黄帝，亦宜止称先蚕神。按周制，蚕于北郊。京师为首善之地，应于北郊建坛奉祀。"可惜当时雍正的身体不佳，这件事情也就搁置不议了。

到了乾隆七年（1742年），大学士鄂尔泰提出了恢复"天子亲耕、皇后亲蚕"古制的问题，对汉朝文化具有浓厚兴趣的乾隆立即准奏，并且汇集有关臣工制订出了详细的建立先蚕坛的计划，位置就在北海公园东北郊。

到了春季三月的时候，由礼部择定了吉日吉时，皇后着明黄纱云龙女朝袍，乘凤舆（这些是只有在当初和皇帝大婚时才允许的礼仪）带领后宫嫔妃们出宫奔赴先蚕坛，经过一系列烦琐的程序后进入主题。仪式大致分为三个部分：祭祀先蚕、躬桑、献蚕缫丝。

值得一提的是皇后"躬桑"，皇后手持金钩、金筐，在众人的陪同下进入蚕坛内的桑林中采桑。只见桑林旌旗飘扬，金鼓齐鸣，太监们唱起了《采桑歌》。隆重的仪式中皇后象征性地采上三片桑叶，然后高坐观桑台，看着众位妃嫔命妇们采桑……当蚕母将桑叶送至蚕室的时候，躬桑仪式也就结束了。

乾隆九年，孝贤皇后首次举行亲蚕礼，谁曾想几年的工夫已是天人永隔。乾隆十三年皇后薨逝后，为了纪念皇帝让宫廷画师着手描绘《孝贤皇后亲蚕图》，为此发布了一道上谕："著金昆画亲祭蚕坛四卷，如不明白处问傅恒三和，先起稿呈览，钦此。"如此便是再合适不过了。

因为皇太后的青眼登上高位的那拉氏，必将背负着乾隆对富察氏的深爱艰难行走。

参考资料：

1.《清实录》

第二十一章 册立为后

那拉氏晋封为皇贵妃，摄六宫事后，母族亦跟着一荣俱荣，由原来的满洲镶蓝旗抬到了正黄旗。也有那眼光伶俐之人上了奏折，赞美着娴皇贵妃种种的母仪天下之风范，希望皇帝能够早日册立中宫，乃是国家社稷之福。

乾隆看了竟也不恼，隔了一段日子，题写了一副匾联吩咐人挂在了娴皇贵妃所居翊坤宫的后殿。

横批：懋端壶教。上联：德茂椒涂绵福履；下联：椒敷兰掖集嘉祥。

这副匾联明眼人一看便知，含有母仪天下之意，同时也希望宫里的主人对自己严格要求，以便堪当其位。

光阴似水缓缓流淌，转眼孝贤皇后二十七个月的孝期已过。在此期间，娴皇贵妃却也不负重托，上奉崇庆皇太后，下治嫔妃，将后宫打理得秩序井然，乾隆也说不出什么不是。

本年的八月十三日便是皇帝的四十整寿，按照原先的计划，继任皇后的册封典礼当在此之前举行。七月，乾隆奉了皇太后懿旨"册命皇贵妃摄六宫事那拉氏为皇后。于以承欢圣母。佐孝养于萱闱。协赞坤仪。储嘉祥于兰掖"。所有典礼由大学士会同礼部、内务府详议。

孝贤皇后的音容笑貌历历在目，仿若昨天，如今却要册立新后，乾隆的心里说不上来地难过，他觉得应该去告知一声——过去的皇后，永远的爱人，甚至渴望着她的原谅。

孝贤的梓宫静静地停放在静安庄，乾隆上了三炷香，青烟袅袅……或许，这是他和她之间沟通的纽带。

他在她的灵前祭了酒，坦诚相告："恭奉皇太后懿旨以中宫久虚宜行册封之礼……将颁明诏，奠以申怀。"

鸾车邈仙踪，彤管垂思媚。

齐眉予凤愿，续弦谁所致。

上以奉慈宁，下以率九位。

唯此苹蘩重，义不容虚置。

十行伫颁诏，百感纷萦思。

仿佛凤帏前，翻然来相慰。

只有在她的面前，他才是真正的诗人。

而此时的那拉氏，在想些什么？是即将登上后位的欢欣，还是清冷多年的寂寞幽怨？然而观其种种，仿佛又是释然。还是白居易的诗写得好：

上阳人，上阳人，红颜暗老白发新。

绿衣监使守宫门，一闭上阳多少春。

玄宗末岁初选入，入时十六今六十。

同时采择百余人，零落年深残此身。

忆昔吞悲别亲族，扶入车中不教哭。

……

上阳人，苦最多。

少亦苦，老亦苦，少苦老苦两如何！

……

　　其实说起来，那拉氏能够熬到如此高位，比那些"上阳宫女"不知要幸运多少，况且孝贤并不嫉妒。只是，君王的爱也是有限的，后宫诸人不可能人人惠及，这些年他能做的只是名分上不曾亏欠了她。

　　可是对一个女人这就够了吗？遥想当年，她16岁入宫，如今32岁了，虽然不曾红颜变白发，只是这近20年的冷雨敲窗，寂寞孤灯足以让人肠断。也许她受的教育，就是如何做一个尽职尽责的后宫女人，这一切足以支撑她不被幽怨的情绪侵扰，表现得淡定从容，恪尽礼数。

　　闲话少叙，且说礼部很快选定了吉日，八月初二日册封皇后大典。于是礼部、工部以及内阁诸司日夜忙碌，赶着制作册文、册宝，帝后礼服诸事。

　　八月初一日，皇帝以册立皇后之事，"遣官告祭天。地。社稷。

太庙后殿。奉先殿"。

是夜，那拉氏由宫女伺候着，仔细用各色天然香料和中草药制成的香粉仔细涂抹了每一寸肌肤，她们相信经过一晚上的滋润，将会让新皇后的皮肤细腻光滑。至于头发，当然事先用玫瑰花、檀香等多种材料制成的干洗剂洒在了头发上，然后再用篦子全部梳洗一遍，如此也就遍体幽香，清洁。

做完这一切已经深夜，那拉氏也有点倦了，明天就是大日子，必须有个充足的睡眠。身边的宫女见状，扶着歇息去了。

待到她躺倒在榻上，脑子反而清醒了许多。不知为何，她想起了过世的父母，入宫前的一幕幕如同画卷展现在脑海里，挥之不去。

记得从前，曾对阿玛（父亲）说过，家人平安就好。自己与世无争了这么多年，而如今很快就要坐到皇后的高位了，究竟是福还是祸呢？

老子曾经说过："祸兮福之所倚，福兮祸之所伏。"

只怕日后更要小心谨慎了，秋季的夜晚透出几分清凉，此时她异常清醒。

这一晚，不仅那拉氏未能睡好，整个后宫都是一夜无眠。好容易到了四更天，那拉氏就起了床，简单用过早饭后，由宫女们准备开始为她梳洗化妆。

宫女们先用大梳子将那拉氏的长发通好，然后用半月形的小梳子整理发梢鬓角的头发，最后用抿子沾上了刨花水，一边抿一边梳，如此可以保证头发整齐光洁。若是平时，便做出一个"两把髻"的发型，但是今日大典需要戴朝冠，因此便在脑后盘好了。

做好头发之后就要开始面部化妆，先是用绿豆粉净面，再用蜂蜜和中草药调配的膏润脸，然后用上好的薄绢擦拭，接着是紫茉莉花粉种兑上香料研磨的香粉匀在脸上，果然轻白幽香细腻了不少……最后用玉簪挑取一点胭脂在手中匀开了，微微涂在两腮。

做好这一切后一定要用特定的胭脂棍将唇点成圆润小巧的樱桃小口，特点是沿着人中作中线，上唇薄而下唇厚，只比黄豆粒大，猩红一点。到了最后，则用眉石描上细长的柳叶眉。

完成这一切后，天色已经微亮，接下来就是穿了明黄色的朝袍和石青色的礼褂，皆绣了金龙九，间以五色云。最引人注目的当属璀璨辉煌的皇后朝冠，只见其上缀朱纬，而朱纬上点缀着7只金凤，衬托着顶上的3层金凤高贵独立。

真可谓珠翠环绕，据有关资料记载如下：

顶三层，贯东珠各一，皆承之以金凤，饰东珠各三，珍珠各十七，上衔大东珠一。朱纬上周缀金凤七，饰东珠各九，猫睛石各一，珍珠各二十一；后金翟一，饰猫睛石一，珍珠十六。翟尾垂珠，凡珍珠三百零二。五行二就，每行大珍珠一，中间金衔青金石结一，饰东珠珍珠各六，末缀珊瑚。冠后护领，垂明黄色绦二，末缀宝石，青缎带。

晨曦中，皇后的仪驾陈设在了太和殿外，清一色的明黄纹绣金龙，这一日，当是那拉氏人生最辉煌的时刻。乐部、礼部、王公百官齐集，吉时一到，先是礼部尚书、侍郎到乾清门奏请皇帝具礼服乘舆出宫。随着午门的钟鼓声响起，乾隆皇帝在礼部和宫中侍卫扈从下，来到了太和殿后降舆。

一系列的繁文缛节，礼乐阵阵，丹墀下三鸣鞭如同霹雳一般动人心魄。那拉氏的册封典礼，乾隆皇帝命大学士傅恒为正使，大学士史贻直为副使。

在鸿胪寺鸣赞官指令下，王以下、正副使、文武官员排班站立，向皇帝行了三跪九叩之礼。礼毕乐止，在鸿胪寺官的引领下，正使傅恒、副使史贻直进东阶、至丹陛北面立。当二位使者行了跪拜礼后，开使宣制：

"咨尔摄六宫事皇贵妃那拉氏，秀毓名门，祥钟世德……恭奉崇庆慈宣康惠皇太后命。以金册金宝立尔为皇后。"

只是不知，以傅恒孝贤皇后之弟的身份，来担任继后那拉氏的册封典礼正使，公告天下宣布那拉氏为皇后，心中不知是何滋味？

最后，正使傅恒跪受节起，持了皇后册宝前行，副使史贻直随行，到了景运门外，捧节授予内监后，册宝入宫那拉氏跪接礼成。内监持节出授正副使。至后左门复命。

待到礼成乐止，皇帝回宫，众文武官员纷纷退去的时候，他的内心亦如海浪退去，剩下的只是*丝丝怅惘与感伤之情吧*。

第二十二章　万寿之庆

皇后册立典礼完成后，待到第二日八月初三，乾隆率领了王公大臣恭奉册宝，为圣母皇太后加上徽号"崇庆慈宣康惠敦和皇太后"。于是遣官拜祭了五岳、四渎、先师孔子阙里，大赦天下！该封的封，该赏的赏，真是普天同庆，万民之喜！

皇后之父讷尔布被追封为一等公，遣官致祭，造坟立碑如例。母亲郎佳氏被封为公妻一品夫人，哥哥讷礼想来也是无福消受，由其子讷苏肯袭了一等侯。

果然是皇亲国戚，荣耀非常！毕竟事关朝廷的脸面，皇后该有的殊荣全都有了，和先孝贤皇后并无二致。

八月十三日便是乾隆整 40 岁生日，皇帝的诞辰在清朝被称为万寿节，取自万寿无疆之意。如此双喜临门，自然要锦绣非常好好庆贺一番。

说起来皇帝过生日和唐太宗有关，唐太宗和乾隆两个人，一个是一代明君，创造了贞观之治；另一个有康乾盛世，号称是十全老人，我们就将他们对自己生日的态度略作比较。

唐太宗戎马倥偬一生，功成名就坐拥天下之后，不免回忆起从前。于是在贞观六年（公元 632 年）九月、贞观十六年（公元 642 年）十一月两次回到出生地武功，写下了大气磅礴的《幸武功庆善宫》和《重幸武功》。我们遴选一首观其气势：

> 寿丘惟旧迹，酆邑乃前基。粤予承累圣，悬弧亦在兹。弱龄逢运改，提剑郁匡时。指麾八荒定，怀柔万国夷。梯山咸入款，驾海亦来思。单于陪武帐，日逐卫文枚。端扆朝四岳，无为任百司。霜节明秋景，轻冰结水湄。芸黄遍原隰，禾颖积京畿。共乐还乡宴，欢比大风诗。
>
> ——幸武功庆善宫

也许出于这种追忆往事的心理，唐太宗把自己出生的一天定为了降诞日。贞观二十年（公元 646 年）冬，在他生日的那一天，唐太宗和长孙无忌说："今天是吾生日，世俗皆为乐，在朕翻成感伤。诗云：哀哀父母，生我劬劳。何以劬劳之日，更为燕乐乎？"

所以，唐太宗宁愿把自己的生日看作母难日，顶多也就是多加两三道菜而已。真正将生日定为节日，举国欢庆的是唐玄宗李隆基，也许是太平皇帝当得比较轻松，这位皇帝比较会享受生活。

根据《旧唐书·本纪第八·玄宗李隆基上》记载，开元十七年（公元 729 年）八月五日，唐玄宗在花萼楼宴请文武百官。君臣欢洽之际，百官联名奏请将每天的八月五日定为千秋节，王公以下献上金镜和承露囊，天下各州宴乐欢庆，全体休假三天。

也许唐玄宗以为，煌煌大唐盛世，天子生日当举国欢庆与民同乐，此举当是锦上添花之举。于是同意了百官的请求，自此每年的千秋节，唐玄宗饮着群臣献上的万寿酒，举国狂欢。到了天宝七年（公元 748 年），皇帝将千秋节改为了天长节，寓意人寿比天长。

自唐之后，历经宋元明清四朝，皇帝的生日礼仪是越发隆重，庆祝场面是越来越大。在这举国欢腾的气氛下，上至文武官员，下至黎民百姓，都在千方百计地讨取皇上欢心。过生日图的就是热闹，全国各地的歌舞、杂耍艺人齐聚京城献上百般武艺。于是乎全国上下一起折腾，白花花的银子似水流淌。

到了清朝，特别是康乾时代，皇帝万寿节的隆重程度达到了一个新的高度，比如著名的千叟宴。千叟宴为康熙首创，第一次是在畅春园宴请全国各地 60 岁以上的老人，庆祝其 60 岁寿辰；第二次是为了庆祝即将到来的 70 岁生日，在乾清宫举办，这一次 12 岁的弘历也在场，作为隔代帝君，他亲自领略了千叟宴的盛大与繁华，某种程度上也奠定了他日后的执政思想。

也许是受了祖父康熙的影响，乾隆一生侍母至孝，在他 40 岁生日之前，万寿节的主角基本是崇庆皇太后。乾隆六年，他为皇太后庆祝 50 大寿的时候，是按照祖父 50 大寿的规矩来筹办的。

皇室从八旗官员、兵丁命妇、宫女太监中遴选出 60 岁以上的老人,于道路两侧男左女右跪接皇太后。一直从畅春园到皇宫、西安门到紫光阁,盛况空前。据统计,只是这一项就用去了 108750 两银子、70000 匹缎布。

关于皇帝的生日,乾隆的意思是身为人子做寿的规格不能越过太后,因此他的万寿庆典通常在避暑山庄举办,偶尔在皇宫大内举办,那就免掉官员的朝贺大典。

从这一点看,乾隆的侍母至孝和唐太宗的哀母多辛确有异曲同工之妙。

但是这一年的皇帝万寿却和以往不同,一来是乾隆 40 整寿,二来刚刚册立了新皇后,故此当在紫禁城,而且还需大操大办。

且不说北京城内张灯结彩,各地进京官民代表纷纷搭设彩棚庆祝,沿途的京城各衙门、部、寺都在街道搭建了经棚彩坊。京城所有大道都有用彩绸盘结了像皇帝庆贺的"万寿无疆、天子万年"等吉利话。

更有八旗都统以及属下武官极尽能工之巧搭建的"百老献寿台"。台有 9 级,分别由"百名老人"每人执了金光灿灿的"寿"字,分阶站立。沿路彩灯彩旗不断,多制成了蟠桃、万年青、长生花等寓意吉祥的物件。其间还有各色艺术表演家们搭建的彩台,在民众的叫好声中上演了评书、戏剧、歌舞杂耍等。

真是数不尽的繁华旖旎,盛世风流!

至于皇家禁地,由畅春园到西直门、途经新街口、西安门到中南海,更是与紫禁城的庆仪相连,一路彩坊、彩墙、彩廊、灯棚等连缀成河。沿路的道观寺庙,诵经论道祈福不断。

当日五鼓时分，各国使节、诸王贝勒以及王公大臣齐聚太和殿，准备为皇帝庆寿。在悠扬的中和韶乐声中，乾隆身穿礼服步入了太和殿，接着便是烦琐的奏乐、拜位等仪式活动。之后便是按照官阶高低，官员们依次向皇帝敬献寿礼，真是说不尽的奇珍精巧，多是围绕着福、禄、寿来作文章，有如意、盆景、插屏、漆器、织绣等。

献完寿礼后，便是大宴群臣，菜品是皇家的"金龙大宴"，据有关资料记载，"共有热菜二十品，冷菜二十品，汤菜四品，小菜四品，鲜果四品，瓜果、蜜饯果二十八品，点心、糕、饼等面食二十九品，共计一百零九品。菜肴以鸡、鸭、鹅、猪、鹿、羊、野鸡、野猪为主，辅以木耳、燕窝、香蕈、蘑菇等。待皇帝入座后，宴会才开始，分别上热菜、汤菜。进膳后，献奶茶。毕，撤宴桌。接着摆酒膳。寿宴长达四个小时，午时摆设，未时举行，申时结束"。

在后宫，皇后当然要率领着后宫嫔妃以及公主们为皇帝庆贺生，只见她们一个个皆着华衣丽服，齐呼万岁！当真是太平盛世之君，福禄非常！

但是，八月的桂花香中，乾隆的内心思念的是远去的故人，和表面的满面喜色相比，背后是深刻的孤独。

皎洁的月光下，他提起笔想要留下40万寿的华章，情不自禁，笔端流淌的却是刻骨的思念：

净敛缃云碧宇宽，宜旸嘉兴物皆欢。

中宫初正名偕位，万寿齐朝衣与冠。

　　有忆那忘桃花节，无言闲倚桂风寒。

　　晚来家庆乾清宴，舰眼三年此重看。

　　即便是坐拥天下又如何呢，最堪怜，天上人间，月圆人
不全！

第二十三章　新琴旧剑

　　其实像乾隆这样对原配皇后情深难忘的皇帝并不罕见，咱们还是以唐太宗李世民为例。记得当年长孙皇后撒手西去，唐太宗也是沉陷于悲伤之中无法自拔，甚至还在禁苑中修建了一座高大的望楼。当他思念难捱的时候，就会一个人默默在望楼上远眺九嵕山的昭陵——长孙皇后陵寝。

　　这种低沉的情绪，从人性的角度完全可以理解，但是作为一国之君却未必是好事，他的情绪起伏完全可以影响到帝国的命运。

　　但是唐太宗身边有个敢于直言的谏臣魏征，他认为这种现象不能忍。于是有这么一天，当唐太宗又一次走上望楼的时候，魏征跟在了身后。

　　面对皇帝朝着昭陵深情凝视的目光，魏征是这样说的："皇上最近常常登上望楼，原来是远眺献陵（唐高祖李渊的陵寝）追思太上皇，这份孝心实在让臣感动！"

面对这样一顶莫名其妙的高帽甚至可以说是讽刺，唐太宗是有火也发不出，只好干瞪着魏征，之后号啕大哭。而魏征则默默不语，任其发泄情绪，只是以理解的目光注视着前者。

此刻他们不是君臣，而是知己。说到底皇上也是人，表面的坚强只是不得已的伪装。最后，唐太宗情绪平复下来后接受了魏征别出心裁的谏言，当天就派人拆掉了望楼。

像这样的事情，也只有唐太宗和魏征这一对明君贤臣能办出来。反观乾隆，作为太平之君他缺乏了这样的魄力和容人的雅量，面对孝贤皇后的离世，他的表现是，朝廷内外凡是涉事的手下都被他"批"了个遍，丢官的丢官、送命的送命，甚至自己的两个儿子都因此送了命。

两个顾命大臣，鄂尔泰早已走远，剩下一个张廷玉装疯卖傻，一味糊涂到底。面对这样一个气量狭小，失去理智的皇帝，举朝上下谁又是"魏征"？这样的行为假如搁到其先祖努尔哈赤或者皇太极身上又如何？

久经世事的皇太后也发觉这是一场极其严重的政局动荡，所以才利用母亲的身份逼着乾隆立后，为的就是稳住后院，让时间和新任皇后的人格魅力来抚平伤痕。

老实说，在这个特殊阶段，做乾隆的皇后并不是一件幸运的事情。在很长时间，乾隆对待继后的态度是礼貌而疏远的，为了避免在这位"替代品"面前触景生情，他宁愿去别的妃嫔宫院排解寂寞。

在此期间，乾隆宠幸最多的是嘉贵妃金氏和舒妃叶赫那拉氏。至于纯贵妃，也许是年老色衰，也许是因为乾隆不愿意面对大阿哥的母亲。

面对皇帝的随性之举，继后的表现可圈可点，保持着一贯的娴静优雅，在皇太后面前克尽孝道，在皇帝面前努力做一个称职的妻子。在后宫诸人的眼中，继后还是一如既往的"默默无闻"，也没有身居高位的跋扈嚣张。

忽然发现，皇后其实是一个极其痛苦的"职业"，终日面对着一群和自己分享爱情的女人，还要表现大度，一碗水端平管理她们。又怎知，弃履西去的孝贤皇后不悲伤？

如此，吴王恪的母亲杨妃就是幸运了。身为前朝皇帝杨广的女儿，却被唐太宗充入后宫，而且他们儿子吴王恪无论相貌、行事风格都很像其父。当长孙皇后仙逝之后，唐太宗第一个想到的继任皇后就是她。

可惜，因为她是隋炀帝的女儿，所以皇帝的提议理所当然被群臣力谏了。但，塞翁失马焉知非福？有那样的出身是事实，能够平安终老其实也是一种福分。

从这个角度，乾隆继后那拉氏就比较轻松，相对"清白"的身世让皇帝备感轻松，不去想入非非。表面上看，乾隆挑不出继后的毛病，但是此时的乾隆是阴晴不定的，即便是她的温柔，她的体贴入微，也会令乾隆横挑鼻子竖挑眼。

在真定行宫，乾隆这样说：

　　　小坐复今昔，闲情忆向年。

　　　劝餐非昔侣，举案是新缘。

燕迹仍伊旧，潘怀只自怜。

金容参咫尺，未得了明禅。

或许，在那拉氏殷勤劝餐的时候，让他触景生情想起了从前的爱侣。如今，举案齐眉的是却是别样的红颜，真是令人唏嘘不已。

可惜，落花流水春去也，天上人间。

人生之悲，莫过于此！

那拉，那拉，你拿什么和一个人对往昔的追忆去拼？如果生活可以重新来过，你是否愿意有别的选择？

比如就这样孤独终老，任凭红颜变白发？

也许多年的深宫寂寞已经让那拉氏有些淡然，也许她早已习惯了这种若即若离的夫妻关系。此时的她并没有感觉到自己失去了什么，而是以涓涓细流似的耐心滋润着皇帝那颗干涸的心。

几百年后的我们尚且在评点古人，那么身当其位的皇帝更是要注意朝野的目光以及百年后的声誉，此时的帝后关系根本就不是他们私人的事情。出于这个原因，乾隆必须给予继后尊重，哪怕是敷衍的热情，所以二人相处的时间自然要长久一些。

相处得多了，乾隆开始默默拿她和故去的孝贤皇后相比，不由产生了丝丝内疚之情。乾隆十六年（1751年），南巡期间驻跸杭州圣因寺行宫的时候，他在写给孝贤皇后三周年悼亡诗中流露出了这样的情绪：

独旦歌来三忌周，心惊岁月信如流。

断魂恰值清明节，饮恨难忘齐鲁游！

岂必新琴终不及，究输旧剑久相投。

圣湖桃柳方明媚，怪底今朝只益愁。

在这首诗中乾隆用"新琴"来比喻继后，"旧剑"比喻孝贤皇后，即便是在他那失衡的天平中思量，那拉氏也未必不如孝贤，只是千错万错，她比你先到！

古人常用琴瑟和谐来比喻融洽的夫妻关系，可见此时的乾隆已然对那拉氏动了真心，将其作为要陪伴自己一生的妻子来看待。但是宝剑筹知己，孝贤皇后富察氏早已贴心贴肉化作了他灵魂的一部分，这就是差别。

对于普通的后宫女子，这就足够了。宫墙深深，又有多少人求而不得。

第二十四章 终获君恩

从白山黑水间兴起的爱新觉罗家族在用情方面都比较率直，至情至性。比如清太宗皇太极因为宸妃海兰珠的猝然离世当场昏厥，清世祖顺治和董鄂妃的爱情更是旷古绝唱。

身为他们的后代，乾隆无疑也具备这样的秉性。可是他的理想是成为皇祖父康熙那样的圣君，所以他必须遏制自己率性的一面，为天下的长治久安着想，其中自然包括了清王朝帝国家庭的正常运行。

因为有了理性的思考，再加上暮春时节的江南烟雨迷蒙中落花飘零，很容易激起细腻的情怀。

是啊，与其追怀往事空悠悠，不如怜取眼前人，过好当下。或许，这也是在天之灵的孝贤皇后愿意看到的。

况且，此时的乾隆不得不承认，继后的姿容、脾性其实和先皇后不分伯仲。

乾隆和继后的夫妻感情渐渐变得融洽，"爱情的结晶"自然而然地到来了。乾隆十七年（1752 年）四月，那拉氏顺利产下了皇十二子永璂。嫡子的到来让乾隆喜出望外，迫不及待地以诗言志：

视朝已备仪，弄璋重协庆（适中宫诞生皇子），

天恩时雨旸，慈寿宁温清，

迩来称顺适，欣承惟益敬，

湖上景愈佳，山水含明净，

柳浪更荷风，云飞而川泳，

味道茂体物，惜阴励勤政。

我们之前说过，古人喜欢用"弄璋"来形容生子之喜，可怜这乾隆生怕人不知，特意在诗的第二句添上一句"适中宫诞生皇子"。在他看来，一个兴旺发达的帝国家庭代表着清王朝国运昌盛，又怎能不欣喜若狂呢？

四月二十七日，乾隆到畅春园向皇太后问安，汇报了这个喜讯。无疑，皇太后前两日就知道了，但是她还是愿意由皇帝本人亲自告诉。毕竟，当初为了遴选继任皇后也着实费了一番心思，现在看来眼光还行！

此时的季节已然入了夏，北京城烈日炎炎，身为产妇那拉氏的日子并不太好受，但是她的心情是舒畅的，圆明园清凉的晚风让她感觉心旷神怡。

虽然她贵为中宫皇后，但是之前的处境当真是不值一提，尴

尬了那么些年，现在母子相依好歹有个挂念吧？

小皇子自然交给专职的奶妈看护，但是不会远离了皇后的视线，看见孩子她会莫名地心安。那拉氏现在的主要任务是调养好自己的身体，也会处理一些内宫事务。当皇帝从前朝归来，不免常来闲坐谈心，每当此时她会令奶妈抱来孩子，夫妻二人逗弄一番襁褓中的孩子，却也其乐融融。

偶尔谈论起诗词，乾隆会发现继后慧心独具，不经意间的言语颇有老庄之风。有时候，他会疑惑从前为什么会忽略了她，论才情、论相貌她都属于佼佼者。难道是自己的戒心太重了吗……当然这些都不重要了，重要的是他们现在是夫妻，而且目前的发展状况还不错。

当夜色降临的时候，也许他们会携手去湖边亭台坐一坐，嗅着远方飘来的花香。此时宫女会斟上了葡萄美酒，二人一边品酒一边谈论着小皇子可心的模样，或者谈一谈满洲的从前。

当他听到那拉氏自小曾经陪伴父亲远赴草原驻守，会表现出极大的兴趣，也就让她多讲一讲那里的风土人情等。听到她小时候最爱玩的居然是秋千，他会不自觉露出几分笑意，告诉她"咱们满洲的女子本来就是这样，论敏捷程度并不比男子稍逊几分"。

"然而你现在是皇后了，不比从前。"听到这样的话，那拉氏会低了头，显示出温顺的模样。此时，他们的世界是美丽的，天上的星星也在眨着眼睛。

当乾隆前往长春宫的时候，那拉氏会在一段时间内谨言慎行，不愿意去触碰他内心幽静的某个角落。

可以说，那拉氏此时的表现让乾隆比较满意，当他因为思念孝贤变得异常敏感的心渐渐平复，就会恢复日常的模样。

帝后琴瑟和谐的模样，畅春园的皇太后看在了眼中。每当他们夫妻前来请安的时候，她都有一种如释重负之感，所谓家和万事兴，皇家终于步入了正常轨道，身为圣母皇太后，这样的情形是她愿意看见的。

当乾隆的后宫一片升平的时候，前朝也是顺风顺水，还是在这一年的四月，大学士管江南河道总督高斌上奏，"下江淮、扬、徐、海等属。四月以来。天气晴和。又得时雨霑霖。二麦秋实。愈见坚好。大概均得丰收。现米价无增。民情宁谧"。

江南乃鱼米之乡，漕粮重地。漕粮，指的是税粮，因为采用水运得名。我国自汉朝以来，便倚重于函谷关和东南漕运，年用400万斛以供应京师，并且形成了制度。到了元、明、清三朝，由于定都北京，经济上没有了优势，则重点依靠东南。

元朝时期，东南漕运已经发展到了每年五六百万石，可以说明清时期的漕运是延续着历史的轨迹而来。但是为了缓解矛盾，国家法典规定每年"定额本色四百万石"，供养京师、皇室、军队、文武百官。这400万石漕粮中，来自山东、河南的北方漕粮是75万石，而来自南方的漕粮占据了大部分的比重，约324万石。

南粮北运对于江南百姓来说，的确是不小的负担，因此潜藏了南北区域、官民等多种矛盾，当遇到收成不好的时节，矛盾便会激化。

所以说，所谓的鱼米之乡带给江南百姓的并不是丰衣足食的美好生活，而是日日辛苦的沉重赋税。元、明、清三朝一直流传着一种说法，"南困于粮，北困于役""东南之民，困于税粮；西北之民，困于差役"。

如同元朝的张养浩在《山坡羊·潼关怀古》中所抒怀的那样：兴，百姓苦，亡，百姓苦！

当然，这是由于封建王朝的特性所决定的。清朝时期，江南经济已经有了相当的恢复，但是在以农业为本，科技手段相对落后的时代，一旦遇到洪涝灾害粮食歉收，对于朝野上下便是一次灾难，这是哪一个统治者都不愿意看到的。

所以，江南河道总督高斌此时的奏章真可谓一曲佳音，令乾隆心头舒畅。对此，他亦有好消息与高斌分享，于是在奏章上回复了："得旨、欣慰览之。北省今春及入夏。雨旸时若。二麦可定丰收。又皇后已生皇子。一切顺适吉祥。卿其同此喜也。"

前朝后宫风调雨顺，好事连连，对于乾隆而言当然是"一切顺适吉祥"。真可谓，家事、国事，事事兴旺！

参考资料：

1.《元明清时期的南北矛盾与国家协调——以南粮北运引发的南北区域对立和解决方案为线索》

第二十五章　高斌之死

　　《永宪录》上说，继后那拉氏是高斌的侄女，但是根据目前的资料并不能证明这一点，不过高斌是已故慧贤皇贵妃高氏的父亲却是铁板钉钉的事情，如此我们顺势谈一谈高斌的情况，可以从中了解到乾隆对于前朝臣子的统御之术以及对待外戚的态度。

　　在第十一章我们说过乾隆对高斌的肯定，曾经御赐《绩奏安澜》碑，将他与远古的大禹、明朝的潘继驯以及康熙时期的靳辅相提并论，事实上这也是由漕粮北运的重要性决定的，保证河道畅通就成为历朝历代的重中之重。

　　比如雍正朝的河道总督齐苏勒深受器重，因此引来了隆科多和年羹尧的嫉恨，屡次在雍正面前参奏其"操守难信""不学无术"。尽管这二人都是皇亲国戚，却丝毫无法撼动齐苏勒的地位。最后，齐苏勒带着皇帝"清慎勤"的评价，和康熙朝的河臣靳辅一起入了贤良祠。

可见，从某种程度上朝廷对河道大臣的倚重，远远超过了矗立在朝廷两侧的那些文武大臣们。而高斌能担任如此重要的职位，也是因为师从当时的水利专家嵇曾筠——此人曾是乾隆的老师。

也正因为如此，即便是慧贤皇贵妃薨逝后，高斌的仕途也一点都没有受到影响，反而更加发达，一度被乾隆授予文渊阁大学士。正所谓"入阁拜相"，荣宠至极。

高斌第一次丢官是在乾隆十三年（1748 年）二月，先是乾隆让高斌带着左都御史刘统勋到山东治赈，目的是为了查证各级官吏在赈灾的过程中有没有侵吞赈灾粮、赈灾款之类，但是高斌的态度却有些模糊；紧接着皇帝又派他和总督顾琮去落实浙江巡抚常安贪污受贿的事情，高大学士依然无视朝廷治贪的决心，并不上心。

乾隆一气之下，夺了高斌的官，派另一位大学士讷亲去办这件案子。按理说皇帝发了这么大的火，高斌总该有所警醒了吧？可是他并不这样想，同年七月（闰七月），江南河道总督（兼刑部左侍郎、兵部右侍郎、都察院右副都御史、太子少保，兼管七省漕运总督印务）周学健犯了事，乾隆趁机将高斌重新启用了，让他兼了江南河道总督的位置，去抄周学健的家。

或许是高斌认为圣眷隆重，乾隆不会将自己怎么样，总之他又犯了相同的错误，试图徇私枉法——这简直是屡教不改！

当时正值孝贤皇后丧期，百日之内不得剃发。偏偏周学健自恃权重违制了，而且在此期间又被同僚参了一本，说其有"贪污受贿之举"。而乾隆当时怒火也比较旺盛，于是下旨将其罢官、抄家、赐死。

如此泼天大事，高斌还要自作聪明，乾隆一气之下夺了他的大学士，但让其仍留任河道总督的一职。

说实在的，如果不是高斌有着多年的河道治理经验，尚有可用之处，恐怕乾隆不会这样轻饶了他。我们看看乾隆当时对他的评价就知道了：

"军机大臣等会同吏部议。大学士管南河总督高斌、于查周学健家产时。徇私瞻顾。应降三级调用。前经革职。应革任。得旨。高斌人好沽名。实无赞襄之益。身成废疾。久缺进退之仪。著革去大学士。念其夙习河工。从宽留河道总督任。"

大家说高斌吃这样大的亏冤不冤？如果说经受这样的波折是因为马虎大意，那么下一次可就怨不得旁人了。

说起来乾隆还是肯给高斌机会，乾隆十六年（1751 年）三月南巡的时候，又让他以大学士的身份处理河道总督事务，过了两个月又兼了两江总督。

这一年高斌已是 70 岁的花甲老人，乾隆还为此赋诗一首：

《大学士高斌七十寿辰诗以赐之》

早参黄阁侍金銮，晚觉扶鸠步履难，

卧里藉卿为保障，成功告我永安澜，

读书未懈平生志，益寿何须九转丹，

黄耇皤皤在朝众，勤劳轸念久河干。

在乾隆的心目中，高斌就是他盛世安澜的定鼎之器。然而他们君臣二人都没有想到，高斌的好日子快要到头了。

乾隆十八年（1753年），洪泽湖水大，气势汹汹地冲决了邵伯运河的二闸，让地处下游的高邮和宝应等县受灾。皇帝闻讯大怒，要求严议。恰在此期间，学习河务布政使富勒赫南河总督衙门公款有亏空，于是就派代理兵部尚书策楞、工部尚书刘统勋进行调查。

此二人调查的结果是，南河总督衙门亏空的原因是外河同知陈克济、海防同知王德宣挪用公款；而洪泽湖水溢则是因为通判周冕玩忽职守。

要知道，康雍时期尚且没有发生过洪水决口的事件，这对于一心想超越乃父、达到圣祖康熙皇帝执政水平的乾隆来说无疑是个"噩耗"！况且，一则下游民众受难，二则洪水不驯隐喻着政局不稳。

所以，乾隆理所当然要严惩，认为高斌徇私纵容部下，索性将他和协办河务张师载一并夺了官，留在了河工效力赎罪。

民间有句俗话叫作"屋漏偏逢连夜雨"，这句话用在此时的高斌身上再合适不过了。还是这一年九月，黄河也跟着发了大水，滔滔洪水在铜山张家路决口，水淹灵（现安徽灵璧县）、虹（现江苏省宿迁市泗洪县）等县，然后冲入洪泽湖夺淮而下。

从常理上分析，九月份并非秋汛时期，根本不应该发生这样大的水患。乾隆恼怒之下，勒令高斌即刻前往铜山堵塞决口的堤坝。

此时乾隆的心情是这样的：

忧心日日在扬州，玉食无能解怒愁。

览奏喜闻洪涨退，中宵稍为展眉头。

就在此时，代理兵部尚书策楞的弹劾奏章又到了，声称此番事故因为同知李炖、守备张宾贪污公款，导致水利工程未能如期完工因而决堤。

事情发展到这种程度还有何话可以说，从雍正后期开始高斌就是江南河道的主要领导。为了保证漕粮北运，江南河道是年年兴修水利，不知花费了多少银子，结果出现这样严重的水利事故，高斌自然责无旁贷。

其次，高斌为官品行不端，放纵部下贪污之举，可以说是积弊已久。再联想起他之前受了皇命查处贪污犯时的态度足以让乾隆寒心不已。

此刻，乾隆只做了一件事，就是将李炖和张宾二人押赴法场斩首。同时，高斌和协办河务张师载则一起绑缚刑场——事先一点没有流露出仅是陪斩的意思。

顷刻之间，李炖和张宾两颗人头落地！如此血腥的场面，只怕旁边同样被五花大绑的两个人，就是不死也要吓个魂飞天外！

此番皇帝如此动怒，别说高斌本人，只怕是满朝文武都未能想到——要知道，这可是慧贤皇贵妃高佳氏的父亲呀！

陪斩后的高斌，乾隆还是给了他一个效劳的"机会"，让他到河工效力去了。以高斌70余岁高龄，腿脚残疾的现状显然是经受不起如此苦力，不到两年的工夫就死在了工地。

事已至此，乾隆皇帝只好发了一通感慨："原任江南河道总督高斌，本一居心忠厚人……易为属员所愚，又身有残疾，不能亲身督率"等。也罢，死者为大！于是赏赐了一个内大臣职衔和1000两的内库银暂且了事。

真正的盖棺定论是在两年之后，当时正值二次南巡途中，也许是是睹物思人的原因，乾隆发了一道上谕：

"原任大学士、内大臣高斌，任河道总督时颇著劳绩。即如毛城铺所以分泄黄流，高斌设立徐州水志，至七尺方开。后人不用其法，遂致黄弱沙淤，隐贻河患。其於黄河两岸汕刷支河，每岁冬季必率厅汛填筑。近年工员疏忽，因有孙家集夺溜之事。至三滚坝泄洪湖盛涨，高斌坚持堵闭，下游州县屡获丰收。功在民生，自不可没。癸酉张家路及运河河闸之决，则其果於自信，抑且年迈自满之失。在本朝河臣中，即不能如靳辅，较齐苏勒、嵇曾筠有过无不及。可与靳辅、齐苏勒、嵇曾筠同祀，使后之司河务者知所激劝。"

这一番评价算得上是有褒有贬，既肯定他多年治河的辛苦与成绩，也有对他"年迈自满"造成过失的批评。若说形象生动，这篇官样文章还是没有乾隆同时期写给高斌的御体诗有水平：

故大学士兼江南河道总督高斌（清·乾隆）

本朝善治河，靳辅齐苏勒。斌实可比靳，弗徒保工急。

至其于齐也，有过无不及。惟是闭三坝，自信过于力。

下河曾受福，异涨害亦迫。用此抵以罪，劝惩国之则。

然终谅其心，与祠复原职。壬午复南巡，清口亲定式。

预拆东西坝，频年已受益。昨秋黄河决，洪湖涨因逼。

无已徐启坝，未至冲溃棘。使斌而有知，应叹初未识。

细究起来，这首诗中乾隆的个人感情还是比较强烈的，这些年他对高斌有知遇之恩，然而高斌却未必对得起他，如此才会发出"使斌而有知，应叹初未识"。

死去本来万事空，假若世上真的有灵魂感知，不但高斌羞愧，就连慧贤皇贵妃的心中也应百感交集。然而高家的故事还没有完，多年之后又起波澜。

参考资料：

1.《清史稿·高斌传》

第二十六章 致仕风波（上）

乾隆二十年（1755 年）三月，似乎是一个风声鹤唳异常紧张的岁月，先是原大学士兼江南河道总督高斌老死河工；几乎是同一时间，翰林胡中藻《坚磨生诗钞》案发，原大学士、顾命大臣鄂尔泰的侄儿鄂昌，因与胡中藻私交甚好，多有书信往来，被赐自尽。而本来已经在 10 年前去世，配享太庙的鄂尔泰也因此被撤除了贤良祠。

四月，原致仕大学士张廷玉去世，乾隆遵守清世宗雍正遗诏恩其配享太庙，并赐祭葬，谥号文和。

从表面上看，四位辅政大臣张廷玉的结局似乎最好，但是从乾隆多年以后为其所写的《怀旧诗》中可以看到真实的态度：

"风度如九龄，禄位兼韦平……悬车回故里，乞言定后荣。斯乃不信吾，此念讵宜萌？……后原与配食，遗训改或更？求享彼过昭，仍享吾意精。斯人而有知，犹应感九京。"

现在我们就了解一下张廷玉"悬车回故里，乞言定后荣"的事情，为何乾隆如此耿耿于怀。

雍正当年驾崩的时候，给他留下了庄亲王允禄、果亲王允礼、大学士鄂尔泰、张廷玉这四位顾命大臣。前两位本是皇家之人，无论境遇如何都是一家子的事情，而后两位就不同了，雍正遗诏中曾指明要鄂、张二人将来配享太庙。

乾隆在毫无心理准备的情况下登上了皇位，对于朝政之事不免生疏，于是一方爱学上进，另一方也是不顾一切尽心辅佐，因此君臣和谐，皆大欢喜。渐渐皇帝变得精明能干势力崛起，而两位顾命大臣也变得揽权自重，各自为派，搞起了党争那一套。

看过《康熙王朝》的读者应该了解当时的两大权臣，索额图和纳兰明珠党争的下场。同样的道理，乾隆对此岂能等闲视之？所以君臣之间不可避免有了隔阂，表面上看着好像还是那么一回事，客客气气，但是心里面早生分了。

由于鄂尔泰表现比较张扬外露，乾隆对此也狠狠敲打了一番，好在鄂尔泰在乾隆十年便已病故，得以配享太庙，入祀京师贤良祠。但是其势力仍在，可以说11年之后的《坚磨生诗钞》案是乾隆打击鄂尔泰势力的继续。

于是，即便是享有先皇遗诏的鄂尔泰，也免不了被"死后算账"，撤出贤良祠。所谓君威难测，就是这样吧！

而张廷玉相对圆滑一些，不愿意去重蹈鄂尔泰的老路，就想着中庸之道，谁也不愿得罪，顺顺利利落个身后清名了事。因此，在后期的工作过程中就不太爱表态，只是一味糊糊涂涂、和光同尘的模样。对此他有句名言：万言万当，不如一默。

　　或许，这是他多年于政坛打滚，总结出来的经验教训。但是众多文武、政坛新秀对他颇有微词，不免嘲讽嬉笑，当时世人评价：张文和（张廷玉字）之察弊，亦中人之才所易及。乃画噤坐啸，木屋狐鼠之横行，而喋不一语。

　　很明显这是在怀疑他身为百官之首的工作能力，张廷玉却不置可否，抱定主意不干己事不张口，但求功德圆满荣归故里。这种表现在乾隆看来，却感觉脸上无光百般不是滋味，认为张廷玉的态度有指责他苛待老臣之意。但是君臣之间的这种微妙感觉又不能说出口，只好下了个这样的论断："张廷玉善自谨而近于懦者！"

　　其实这懦弱与否，完全取决于皇帝本人的态度。

　　很快乾隆就采取了行动，乘着调整中枢的机会，将新晋权贵讷亲任命为军机大臣，排位在张廷玉之前。

　　一分为二地说，正处于事业上升期的乾隆皇帝肯定希望看到朝野上下是一派生机勃勃、积极向上的气象。而张廷玉这样的垂垂老者显然是不合时宜的，再说一朝君子一朝臣，历来如此。

　　很快，乾隆以关心老年大臣的角度免了张廷玉的早朝，总之，他们君臣配合，一个前进一个后退，张廷玉渐渐向权利外的圈子游走。

　　天有不测风云，乾隆十一年（1746年），张廷玉的长子张若蔼病故，遭逢如此打击，睹物思人，留在京城的每一天对张廷玉来说都是一种受难。他决定借机引退。

　　其实他有这种想法不是一天两天了，早在乾隆三年（1738年），张廷玉看着新君做事有板有眼，就想来个见好就收，如此自己也可身后留名，然而乾隆皇帝根本就不买这个账！记得乾隆九年（1744 年）张廷玉的弟弟张廷璐退休的时候，他曾赋诗送别：

> 七十悬车事竟成，轻装雅称秩宗清。
>
> 几人引退能如愿？先我归休觉不情。
>
> 图籍开缄珍手泽，墓田作供好躬耕。
>
> 阿兄他日还初服，拄杖花前一笑迎。

所谓"七十悬车"，源于汉朝班固《白虎通·致仕》一书：臣七十悬车致仕者，臣以执事趋走为职，七十阳道极，耳目不聪明，跛踦之属，是以退去避贤者，所以长廉耻也。悬车，示不用也。因此成例。

然而张廷玉回归田园的梦想辗转反复，事竟难成。更令他痛惜的是，弟弟张廷璐告老还乡后并没有过上理想中的悠哉生活，第二年就与世长辞了。

古人常说，人活七十古来稀，而此时的张廷玉已经 70 多岁了。乾隆十三年（1748 年）正月，他向皇帝提出致仕（退休）的请求，乾隆是这样回答他的："卿受两朝厚恩，且奉皇考遗命配享太庙，岂有从祀元臣归田终老？"

一句话，不许走，活到老干到老！张廷玉慌了，他本以为乾隆会顺水推舟，成全自己退休让贤的举动，这样君臣皆大欢喜。谁知事与愿违，人家偏偏想把自己这根"眼中钉"拴在身边，于是凭着书生的一股子酸腐劲和皇帝讲开了道理。他先是举出明朝的配享诸臣有乞休回乡的先例，之后又抬出了"七十悬车"的惯例，以此证明自己出师有名，实属大义之举。

问题是乾隆也不弱，很快就抬出了诸葛亮鞠躬尽瘁死而后已的历史典故，美其名曰君臣一体。问题是，张廷玉的现状能和诸葛亮相比吗？且别说诸葛亮当初病逝五丈原的时候，还是50多岁的壮年，而张廷玉已是70多岁的垂垂老者，身体和精力根本无法相提并论。

再者，诸葛亮能够活到老干到老，主持起军政大事来是说一不二，也是后主刘禅不太爱管事；而乾隆则是专制君主，且有一套自成体系的文臣武将，张廷玉在中间完全难以施展才能。

唉，瞧这退休有多难！所谓君叫臣死，臣不得不死。即使张廷玉想尽办法，可是乾隆就是坚不吐口。君臣二人你来我往，围绕着退休的话题引经据典，谁也不肯让步。

此时的张廷玉也忘了平日里难得糊涂的宗旨，一味求归，说到动情处不由声泪俱下。其实以儒家学说，的确有落叶归根，回乡为父母守墓的情怀。深受儒学浸淫的乾隆也并非不懂，但是就是此时他扭着劲不放。

这一次张廷玉不但没有成功引退，还逆了龙鳞。争强好胜的乾隆把他们君臣之间的一番言论放到朝政上，让众臣公开评论。事情到了这一步，张廷玉还有何话可说，只有不断磕头谢恩了。

乾隆认为，为人臣子不可轻易言去，那些所谓的致仕不过是一些不得志的古人为自己找的台阶罢了。

其实，一个人在官场上如意与否，只能是如人饮水冷暖自知，但是张廷玉肯定是有点小郁闷的。况且随着孝贤皇后的崩逝，乾隆性情大变，朝野上下如同惊弓之鸟，以张廷玉之老迈自是苦不堪言。

九月份，乾隆的《御制诗集》刻本刊行的时候，因为其中失误太多，文官之首的张廷玉被交部议处；十月份，孝贤皇后的梓宫奉安静安庄，其时的祭文中有"泉台"二字，乾隆认为不配皇后之尊，张廷玉被罚了一年的俸禄；仅仅隔了一个月，乾隆又找出了他的文字错误，这一次直接被销了二级。

张廷玉本就是以文章见长的巨儒，出现这样的问题，只能说明两点：其一，乾隆在鸡蛋里挑骨头；其二，张廷玉确实老眼昏花，大不如从前了。

第二十七章　致仕风波（下）

乾隆终于发现，张廷玉确实老得不像样子了，每日耳痴目呆颤巍巍地立于朝堂之上，不由动了恻隐之心。乾隆十四年（1749年）正月，赦令他每四五日入内廷一次充作顾问即可，而都堂议事的工作周期为每十天一次。即便如此，张廷玉看起来也是不胜重负，勉为其难的样子。

好歹又熬过了这一年冬天，张廷玉实在是捱不了，只好"厚着脸皮"向皇帝请几天病假。也许是此番的态度比较好，也许是乾隆动了善念，便解除了张廷玉一身多兼的监修、总裁等各种职务，还派了军机大臣到家里看望他。

张廷玉也借机说了一些心里话，大意是说：因为受了皇上的深恩，所以不敢轻易言去（退休）。其实我的本心还是想暂时回老家将养，如果心愿能够得偿，后年皇上南巡的时候，将于江宁迎驾。

这番心意乾隆了解之后，便有了放其归乡之意，但是又不能明说，于是写了一道谕旨："（张廷玉）自今年秋冬以来，精彩矍铄视前大减，盖人至高年，阅岁经时，辄非曩比。每召见之顷，细加体察，良用恻然……强留转似不情，而去之一字实又不忍出诸口。"

看乾隆这意思，是要张廷玉自己决定。这君臣两个一个比一个心思细腻。

也许他想着，以张廷玉几十年在官场练就的作风，肯定懂得事情该怎么办。最好君臣二人联手上演一场明君忠臣的戏码，大家面子上都好看。然而，张廷玉真真是老糊涂了，接到圣旨后当即表态要"暂辞阙廷"。

看张廷玉这么不开窍，乾隆也只好苦笑着卖他个面子，因此加恩"著准以原官致仕"。如此，张廷玉此生也算是画了个圆满的句号。

谁曾想功亏一篑！原来当时正值隆冬季节，出行不便，于是朝廷体贴地安排他到明年春天冰雪消融的时候启程回乡。颇具文学气质的乾隆还和张廷玉来了个十年之约，到时候"朕五十整寿，大学士亦将九十，轻舟北来，扶鸠入觐……"

正所谓，有朋自远方来，不亦乐乎？

在这千钧一发之际，张大学士办了一件令世人瞠目结舌的事情。几天之后，张廷玉由儿子搀扶着来到宫里，免冠叩首，请求皇上亲自写一份书面保证，确保其死后可以配享太庙。

试问古今有哪个臣子敢和皇帝讨保证书，这不是明摆着倚老卖老吗？罢了，罢了，这保证书是万万不能写，但是可以赐给他一首诗权作凭证吧。

于是就有了这一首御制诗:"造膝陈情乞一辞,动予矜恻动予悲,先皇遗诏惟钦此,去国余思或过之。可例青田原侑庙,漫愁郑国竟摧碑,吾非尧舜谁皋契?汗简评论且听伊。"

这首诗的前几句是对张廷玉跪地求请和他自己动了恻隐之心的事实描述,总之先皇遗诏在先,你就放心去吧。"可例青田原侑庙"用的是刘伯温致仕后得以配享太庙的典故,但是下一句口气就不好了,"漫愁郑国竟摧碑",指的是魏征死后被唐太宗砸碑的旧事!

尤其是最后两句,乾隆简直动了真气:我固然不是尧舜那样的明君,但是谁又是皋陶、契那样的上古贤臣?所以,咱们们君臣之间的恩恩怨怨就留给史书评说吧!

按理说,以张廷玉的水平应该完全理解字里行间的意思。遗憾的是,他高兴过了头,还以为如同戏剧里唱的一般手持了"上打君、下打臣"的尚方宝剑,竟然没有将皇帝的警告放在眼里——当然也许是年事已高的缘故,经不起这一番折腾。

总之,拿到"保证书"后,张廷玉只打发儿子张若澄代替进宫谢恩。

乾隆憋在心头的火气终于爆发了,他马上下旨命张廷玉"明白回奏!"更令人颇觉蹊跷的是,这边的圣旨尚且没有出宫,那边张廷玉就不畏严寒,第二天蒙蒙亮就来给皇帝谢罪了。

坏了,显然是有人走漏风声!当时拟旨的是军机处的大学士傅恒和协办大学士汪由敦,以傅恒和乾隆的关系显然不可能,而汪由敦则是张廷玉的学生。如此里外勾结,不是"朋党"是什么?

千错万错,张廷玉不该自作聪明!如果仅仅是昨天未亲自入宫谢恩，估计乾隆发发邪火申斥一顿就了事了，可是一旦牵涉到朋党纠纷，就是君臣大忌！

不用说，这一次张廷玉光荣引退肯定没指望了。非但如此，还差点引起一番官场动荡，连坐大狱，好在皇帝自我宽心，认为"大可不必"。最后的结果是，汪由敦被革职留任，以观后效，而张廷玉本人自请交部严加议处——

但是乾隆特地给他加了一味调料，将他们君臣的这一番纠纷放到朝政上让大家公议，再做论处。

皇上既然开了金口，各位文武官员自然知道该怎么办。公议的结果当然是不准配享太庙，不但如此，还要其"留京待罪"——这真是哪壶不开提哪壶！

乾隆明白地告诉张廷玉，你的罪固然是因为没有当面谢恩的缘故，但是比起亲自来讨要配享太庙的保证书简直差远了！君臣之间连最起码的信任都没有，朕能不寒心吗？试问你张廷玉有何德何能，敢于和配享太庙的那些功勋之臣相提并论！

"在朕平心论之，张廷玉实不当配享，其配享实为过分。而竟不自度量，以次冒昧自请，有是理乎？"当乾隆痛痛快快地吐出喉中这根积年"鱼骨头"时，张廷玉怎能不汗颜？

三朝老臣落得个如此评价，乾隆固然刻薄寡恩，可是张廷玉也确实不自爱了。

乾隆自认为是个有原则的人，话说得是难听了，先皇的遗诏还是要遵守的，但是他自己又不喜欢张廷玉，怎么办呢？

于是乾隆便一分为二，恩怨分明。他本人赏赐给张廷玉的爵位收回，让张廷玉以原来的大学士职位退休，身后仍然配享太庙。

张廷玉灰溜溜地过了这个年，终于待到来年春暖花开，总算可以奉旨回家了。而乾隆自己也认为去年冬天的反应有点过激了，于是赏赐了御诗、朝珠等物，下令"散秩大臣领侍卫十员往送，用示朕优老眷旧之意"。

然而，天不遂人愿，就在乾隆十五年三月，皇长子永璜病逝。身为永璜的师傅，张廷玉此时自然不能离开，只好留下来送他最后一程。让他没有想到的是，当丧礼告一段落他再请旨回乡的时候，乾隆又不乐意了！他指桑骂槐地数落了张廷玉一顿，总之是骂他不配享太庙。

自从孝贤皇后薨逝，乾隆就变得不大正常，精神极度焦虑易怒，先是逼死了自己的两个儿子，又将朝野上下闹了个鸡飞狗跳，不知有多少人因此掉了脑袋，人人自危。或许，这也是张廷玉拼尽全力想要逃离庙堂的主要原因。

所谓伴君如伴虎，张廷玉只好谢罪！毫无悬念，乾隆又一次把张大学士的退休问题放到了朝廷公议。这一次，张廷玉就没有那么好的运气了，配享的事情是不用想，至于大伙公议要革掉大学士头衔的事情——算了，皇恩浩荡，"仍著宽免"。

这一次，在"血的教训"面前，张廷玉终于学乖了。退休在家的几年，每日闭门不出闭嘴不言，以致乾隆派去的钦差大臣掘地三尺都没有抓到任何把柄。

乾隆二十年（1755年），83岁高龄的张廷玉告别了人间。既然张廷玉用事实证明自己确实无愧于雍正对其"纯臣"的评价，乾隆也愿意最后做一次好人。于是就有了本章开头所说的，张廷玉最终得以配享太庙的结局。虽然乾隆内心还有不满，但是他们君臣之间的纠纷似乎可以尘埃落定了。

　　这件公案的真正了结，还是在 30 年之后。乾隆四十三年（1778 年），当皇帝临雍视学的时候，终于意识到张廷玉是一个有远见卓识的人，而他自己年少之时则未免有"好名泥古之意"。

　　终于，渐已老去的乾隆，以自己的人生经验承认了张廷玉累年的学问修识在其之上。只是，他仍然执着于他当年的"冒犯"。

参考资料：

　　1.《清史稿·张廷玉传》

第二十八章　椒房之宠

　　尽管前朝风起云涌，对于继后而言并没有产生多大的影响，随着父母兄长的离世，母家只剩下个侄儿做了承恩侯。讷苏肯这孩子却也懂事，只是一味对朝廷效忠，并没有那些牵牵绊绊的事情，因此外戚这一方面她不必忧心过多。

　　于内，皇十二子永璂的诞生，也使帝后关系自此步入了黄金时期。毕竟永璂是中宫皇后所生，有着立嫡情结的乾隆的潜意识里不免暗含希望，只是一切言之过早尚待观察。

　　从现有的资料看，从乾隆十七年（1752 年）到乾隆二十年（1755 年），这三四年的时间段，除了嘉妃金氏在乾隆十七年（1752年）二月生下了皇十一子永瑆后，后宫鲜有嫔妃生育，因此称之为皇后专宠一点都不为过。

　　仅仅过了半年多，那拉氏又是珠胎暗结，这一次怀孕和往日却有些不同，各种乏困酸懒，皇帝也不去计较一笑置之，只吩咐御膳房多准备一些水果点心送到翊坤宫。

还好她倒是个懂事的，虽然偶尔也会在皇帝面前真情流露，但在众位宫嫔面前却是得体得很，端得一副母仪天下的仪态，一点也不肯露出不适的样子。皇太后那里，更是率了众位姐妹们晨昏定省，恭顺如仪。

乾隆留心看着，暗道这个皇后也上得了台面，便把后宫诸位佳丽扔在了脑后，一心一意待她。只是他的心里依然留着孝贤的位置，不时去长春宫坐坐，独自发一会儿呆。每到这个时候，那拉氏且不去惹他，一个人独坐房间抄写《心经》，为腹中的孩子祈福。

时光流转，转眼已经过了这一年，待到绿满枝头盛夏时节，那拉氏诞下一名女婴。这一天是乾隆十八年（1753 年）六月二十三日，刚刚降临到人世的这名小公主是乾隆的第五个女儿。

此时正值盛夏，因此这个月子让那拉氏有点吃不消。好歹过了三个月，乾隆便和皇太后、皇后前往热河行宫、木兰围场巡视去了。也许是身体虚弱的原因，那拉氏便有些不耐旅途劳累，皇帝想了个折中的办法，让她就近到盘山行宫休养一段日子，而他们继续北上。

商议妥当后，皇帝发布了上谕，让舒赫德为领侍卫内大臣，管理内务府大臣事务，随皇后前往盘山行宫。

盘山行宫也叫作静寄山庄，在今天津市蓟县盘山南麓，其作为清代第二大皇家行宫园林，规模仅次于承德避暑山庄，无论是从创意还是布局，二者堪称孪生姐妹。

乾隆九年，皇帝陪同太后游览盘山后，不由爱上了那里的风光，他在诗中这样描述：清泉为带树为屏，卜筑栖云几架厅。至此开始建造静寄山庄，历经三年内外八景建造完成。

内八景为：静挹（寄）山庄、太古云岚、层岩飞翠、清虚玉宇、众音松吹、镜圆常照、四面芙蓉、贞观遗踪；外八景是山庄之外盘山景观，有天成寺、万松寺、舞剑台、盘谷寺、云罩寺、紫盖峰、千像寺、浮石舫。

到了乾隆十九年（1754 年）行宫全面修建完成时，又增添了一些新的景点，诸如半天楼、农乐轩、小普陀等，真是数不尽的盛世风流，人间仙境。

有文曰：本朝圣圣相承来游来歌，而环伟绝特之观遂甲天下，诚不世之殊荣，前古所未有。

皇后此番前往盘山行宫之时，大部分工程已经收尾，繁华景色已现。她的到来让地方官员诚惶诚恐，紧张异常，待得有人来报，忙跪地迎接。

但见 16 人抬的凤辇缓缓而来，身后随侍了一干的宫女侍卫。明灿灿的阳光下，金色的凤凰似乎要腾空而起。

众人皆屏气凝神，一丝的声响都未曾有，只觉山间清风袅袅，伴随着沁人的桂花香。

紧接着，便是齐整的呼声：皇后千岁！千岁！千千岁！

远离了皇宫大内，盘山行宫如同世外桃源般的自然风光让继后终年紧张的心情得到了放松。

当飒飒秋风吹过，她会忍不住想，这样的生活可是自己想要的？最初的心愿，只是平安终老罢了。所以从前许多年的"冷遇"，少年青春时也曾有过淡淡的失落，然而归根结底也是内心的一种期冀。但求心安、岁月静好，谁曾想自己的不争不妒、安分随和倒得来了一顶凤冠。

现如今她的日子过得是锦上添花，如果不曾有过倒也罢了，曾经沧海难为水，只怕这心里从此再也放不下。此时，那拉氏明白自己的一颗心已扑在了这个男人身上，只怕再也不会有从前的冷静与从容，那种宛若世外仙姝的与世无争。

没有随銮伴驾出巡的时候，后宫的女人们闲来无事也爱做一些荷包配饰之类的小玩意儿，那拉皇后的女红做得格外好，有一些小事足以说明这对帝国夫妻之间的关系。

一个是乾隆二十五年（1760 年）三月二十五日，乾隆令小太监胡世杰传旨让皇后将衣服给改一改："袍子领子小些！到家里着皇后放样。巡幸褂抬肩转身最小，亦着放样。"（《穿戴档》）

却原来，高高在上的九五之尊放下身段沾染了平凡夫妻的衣食住行、凡尘俗气，竟然这般可亲。在此时，他已视她为家里最贴心的内当家。

另外一件事情是乾隆二十四年（1759 年）十二月初六日，要胡世杰传旨将那金银线东珠制作的火镰给带来。总管马国用等人随带了两把火镰交与胡世杰转呈过来的时候，乾隆却不太满意，要他们将东珠押豆一个挣下来交给皇后重新再做一把火镰。

火镰是一种比较古老的取火工具，由打磨成弯弯镰刀状的钢条和火石击打出火星，引燃易燃的火绒就可以了。在 20 世纪六七十年代的北方农村还有人使用，后来渐渐被火柴、打火机取代。

它的款式大同小异，区别在于装火石、火绒的口袋，既可以用木头、竹子制作，也可以华丽的皮革制成。普通百姓家庭简单实用就好，富贵之家当然要多些讲究，往往会在上面装饰一些美丽的花纹，乃至于镶嵌一些珠宝玉石。

精致到如此地步，火镰除了使用价值，更是装饰品以及身份的象征。比如像乾隆要那拉皇后为他做的火镰，上面必然少不了代表皇帝身份的龙纹，镶嵌了东珠是出于锦上添花的目的。

一把火镰带在身上，再加上装烟丝的荷包还有一把大烟斗，估计就是清朝时期男人的三件套。

原来高高在上的帝国夫妻，也曾有过寻常夫妻的斑斓烟火，以及相濡以沫。当浪漫的云彩落实为雨滴，足以滋润世间万物，让种子发芽，树木开花。

第二十九章　失子之痛

　　乾隆二十年（1755 年）四月二十二日黄昏，夕阳如同一枚血色的气球挂在天边，当快满两岁的小公主（皇五女）在怀中慢慢合上眼帘的时候，那拉氏心中忽然一阵绞痛，翻肠搅肚吐了起来。

　　待到悠悠醒转，但见明黄的帘子外围了一众宫女太监，皇帝坐在榻前，看到她安然醒转，眼神透着一丝焦虑、一丝宽慰。

　　"皇后，御医禀告朕，咱们又有好消息了。"听得此言，那拉氏忽然泪如雨下。

　　一个活泼的小公主瞬间离去，归于永恒的黑暗；现在，一个新的生命在腹中孕育，这样的消息对于她是好，还是坏？

　　人皆说"椒房窈窕连金屋"，天子之家数不尽的富贵与风流，为何自己的心如刀割一般疼痛？接下来的日子，那拉沉浸在痛失爱女的悲伤之中，一日日地抄写《金刚经》为小公主祈福，同时也麻痹自己那颗苦痛的心。

皇后宫里的气氛变得有些沉闷，或许是这种悲凉之感让乾隆想起了从前的伤心往事，他变得不爱到这里来，希望可以寻找一处可以激发人生活力、充满欢乐的地方。而此时，被悲伤的情绪冲昏头脑的那拉皇后恍若未觉。

当成群的大雁呈一字从天空飞过，她才恍然发现，此时已经进入深秋了，圆明园的院落小径上洒满了落叶。

混混沌沌一年，也该打起精神了！当意识到这一点，那拉氏不由揽镜自照，眼角的丝丝细纹赫然映入眼帘。蓦然心惊，她让宫女撤下了铜镜：不觉已入宫20余载，此时已经是人生的秋天了吗？

许是考虑到皇后有孕在身，受不得寒冷。刚刚入了冬，皇帝便下令内务府早早准备，将皇宫大内收拾一新，连同皇太后、皇后、各宫主位都搬回了紫禁城。

翊坤宫的天又是方方正正的了，那拉氏的身体越发沉重，内务府按例增添了炭火、派了守月姥姥若干小心伺候着。

这一年的冬天分外寒冷，有太阳的好日子，她会由宫女搀扶着在院子里走走，然后坐在搁放在向阳处的软榻上晒太阳，略显浮肿的脸上露出丝丝笑意。

前来请安的嫔妃们发现，皇后的脸上又恢复了以往的娴静安详。有时，皇太后会打发人给带几样皇后往日爱吃的零嘴或者赐给她和皇帝一品八珍火锅、几样小菜。

一进腊月，皇宫上下洋溢着浓浓的年味，就连皇帝本人都忙着挥洒御笔，写下了一个个的"福"字，以备各宫张贴或者赐给身边得意的王公大臣们。

终于待得瓜熟蒂落这一日，十二月二十一日卯时，皇十三子永璟降生。

然而那拉皇后的运气似乎不太好，小皇子带来的安慰没有持续多久，阴云再次笼罩在她的头上。乾隆二十二年（1757 年）七月二十四日，不满两岁的皇十三子永璟也夭折了！

短短几年，接连经历丧子（女）之痛，那拉皇后悲伤的心情真是无法言喻。在很长的一段时间内她是极度痛苦的，这对她的性情一定产生了极大的影响，同时对硕果仅存的永璂产生了极大的心理依赖和寄托。

但是身为六宫之尊，那拉氏必须尽量维护自己的仪态，不可以过度宣泄自己的痛苦，所以，她只有收拾起心情强颜欢笑。在这佳丽如云的美丽丛林，疏离、冷漠以及虚伪是最基本的法则，想要很好地生活下去，就必须在人前时时展示最好的自己，哪怕在深夜里独自饮泪泣血。

说到底，皇宫大内宫规森严，人人都戴着面具维持着最绮丽的一面，想要拥有寻常夫妻的自由率真恐怕是艰难的。

还记得当初孝贤皇后失去两个孩子之后，身体素质急剧下降终致身亡。如果此时的乾隆足够细心，应该可以体察继后的痛苦，可是他的眼睛看到的只是那拉氏一如既往的优雅与沉默。

或许他已经经历过了撕心裂肺的丧妻去子之痛，心情已变得麻木、迟钝；或许，自从经历孝贤之后再也没有了从前的纯粹之心；或许是前朝的政务太忙了……总之，继后如同一只高高在上的凤凰，只能一个人在她的世界品尝孤独与痛苦。

这一年那拉皇后已经接近 40 岁，这样的年纪对于女人是一个重要的转折点。按照现代医学，正是步入更年期的时候，女性生理和精神都会出现异常，正是需要体贴关怀的时候，而她恰恰就在此期间经历巨变，精神上的苦痛以及常年的高压生活显然对她的健康不利。

可谁又能来体贴她呢？如今的继后，父母兄长已然早逝，剩下个侄儿和侄儿媳妇毕竟是个隔辈人，年龄经历放在那儿，未必能够体察。而本该是她最亲近的枕边人，又是高高在上的皇帝，他未必对她不好，只是这种好并不贴近内心。

但是在外人看来，作为女性她已经到达了人生的顶峰，别人唯有羡慕的份儿，所以，在偌大的皇宫，那拉皇后，找不到一个可以倾诉心事的人。她越是自抑，心情越发郁闷，几乎接近于自伤，这样的情绪如同一枚炸弹深深隐藏在了她温文尔雅的背后。

参考资料：

1.《乌喇那拉剪发前后》

2.《乾隆乌喇那拉皇后剪发事因新证》

（这两份新材料的名称当是引用了《清史稿》的"乌喇那拉"的说法。）

第三十章　宫闱秘史

现在我们稍微收拾感性的心情，用理性的眼光来观察一下许多年来那拉皇后在后宫真正的处境。

尽管她连续失去了两个年幼的皇子皇女，但是能够在短短三四年间为皇帝诞下三名子女，这说明她身为女人的孕育能力非是不存任何问题的。那么在韶华正好的时节，那拉氏为什么没有和别的妃嫔一般为皇帝生个一儿半女呢？

其实这个问题有点多余，答案应该很简单：皇帝本人并不想让哪位妃嫔随随便便就为自己开枝散叶。

但是这也是要分情况对待，一种是两人气场不投，皇帝欣赏不了某位后妃的"美貌"；另一种就是出于对外来因素的考虑，比如对外戚的遏制、后宫妃嫔之间地位的平衡等，让他不情愿因为自己的原因，增添一大堆意料之外的皇子给自己惹来麻烦。

根据之前乾隆暗地里对孝贤皇后和那拉氏的一番比较，显然继后并非入不了他的法眼，那么便只有利益的考量了。当时的后宫格局是以孝贤皇后为尊，慧贤皇贵妃高佳氏和娴贵妃那拉氏次之。以他对孝贤皇后的爱恋和立嫡子为储君的执着心态，显然不愿意打破这种平衡。

或许这就是两位"老牌侧福晋"在后宫多年处于一人之下，众妃嫔之上，却始终无所出的原因。而身份比她们低微的妃嫔们因为和孝贤皇后拉开的距离较大，所生皇子对嫡子威胁不大，反而幸运。

还有一个问题，假设慧贤皇贵妃当年足够幸运，活到了现在，那么她有可能被册立为后吗？

我认为将那拉氏和高佳氏进行比较，皇太后和乾隆依然会选择前者正统满洲八旗的身份，也就是说，即便慧贤皇贵妃活着，她也不可能被册立为后。

理由很简单，在当时的社会制度下还没有哪个汉军八旗出身的后宫可以随随便便登上皇后之位。比如康熙皇帝的生母，她能够从普普通通的佟妃晋升为孝康章皇后，也是儿子即位皇帝之后母凭子贵的结果。

即便是这样，为了能让生母安享这份殊荣，康熙不得已首创了抬旗的规矩，将"姥姥家"从汉军正蓝旗抬入了满洲镶黄旗，原来的佟姓改为佟佳氏，表示正统。

而且从日后乾隆对待高氏一族的态度看，他并不想让他们坐大，甚至于残酷打压。也许，这就是封建君主的残酷性，伴君如伴虎。

那么，皇帝不愿意让她们诞下皇子该怎么办呢？

清宫有一种机构，名字叫作敬事房，它的业务之一就是对后妃进行避孕。假如皇帝和某位后妃欢好之后，不想让她给皇室开枝散叶，就会授意敬事房太监"不留"。

秉承了皇帝旨意的敬事房太监就会对这名妃子进行人工避孕，"在妃子腰股之间某处穴位，微微揉之，'则龙精尽流出矣'"，万一避孕没有成功，就只好采取其他的方法了。

据有关资料记载，有服食微量的汞（水银）、含有麝香和其他不明成分的"凉药"等。总之一碗说不上滋味的液体下肚，不幸怀上龙种却不能降生的可怜女子，就要感受一场撕心裂肺的地狱之旅了。

这种毫无人道的方法，其实对女子的身体伤害很大，可怜红颜薄命，谁让她身在帝王之家呢？由此联想到乾隆在皇子时府中那名可怜的官女子（使女），怀孕两次却不见生育记录。假如，这名使女就是后来被破格提拔为侧福晋的慧贤皇贵妃，那当真是悲剧了。

另外，清朝的皇帝除了可以和皇后共度春宵，基本不会和妃嫔过夜。当皇帝有生理需要的时候，敬事房的太监会将事先选定的妃子裸身围在毯子中，再背进皇帝寝宫接受宠幸。

而此时的太监则站在窗外监督履行职责，时间一到即刻提醒皇帝"结束工作"。如果皇帝正在兴头上，太监会多给两次机会，等吆喝够三次后之后，无论如何皇帝都得停止了。

据说这种制度来源于明朝，起因是明朝的嘉靖皇帝大量采集宫女，被苦不堪言的宫女们在深夜差点勒死。清代以后，也担心那些美貌的妃子是伪装的刺客，为了安全起见制定了如此规矩。不过这也有一个好处，就是防止历代皇帝沉湎于女色。

究竟这项制度执行起来怎么样，不得而知。但是强势一点的皇帝会有自己的招数，比如在畅春园、圆明园，或者避暑山庄、木兰秋狩等皇家行宫进行规避。总之上有政策下有对策，那些敬事房的太监归根结底也是围绕着皇帝服务，察言观色的本领还是不缺乏的。

《清稗类钞》曾有记载，咸丰皇帝就比较迷恋于年轻时候的慈禧太后——当时是兰贵人，夜夜宿在美人房间效法唐明皇的君王从此不早朝。但是他的中宫皇后孝贞（慈安太后）比较厉害，认为他们两个坏了祖宗规矩，于是动用中宫皇后的权利要咸丰皇帝和兰贵人到皇后宫中"听训"。

大概连咸丰本人也没想到会这般，为了避免尴尬只好找了个前朝公务繁忙的借口推脱了。可怜兰贵人只好眼睁睁看着刚才还在甜言蜜语的皇帝就这么溜走，自己乖乖跪在了中宫皇后面前受训。当咸丰皇帝从前朝归来的时候，看见兰贵人还跪在那里接受严词训诫以及杖责，而他只能傻站在一旁干瞪眼。

而乾隆只有孝贤皇后在世的时候，让她享受与其同床共寝，举烛夜话的殊荣。在她走后，乾隆再也没有让后妃留宿的习惯。想来，这里面除了祖宗家法的约束之外，应该是有强烈的感情因素在内。

果然是一入宫门深似海，看着是锦绣繁华、养尊处优，其中滋味只怕是《红楼梦》中贾元春省亲时说的那样，"不得见人的去处"，只有泪往心里流罢了。

在这种不得见人的去处，不得见人的事情也很多。比如皇后和后宫地位比较高的妃嫔们另外还有一个艰巨的任务，就是每次宫里选进了秀女或者面目清秀一点的宫女，会放在自己身边学规矩，以备有朝一日献给皇帝龙床侍寝。

像这种在我们现代人的眼里看来荒诞离奇的事情，对于那些锦衣玉食的娘娘们而言，却是份内的事情。有资料记载，乾隆二十四年（1759 年），那拉皇后身边学规矩女子被封为了伊贵人、纯贵妃身边学规矩女子被封为了郭常在、令妃身边学规矩女子被封为了瑞常在。

慧贤皇贵妃薨逝时，朝廷大加赞赏的品格之一就是她从不争风吃醋，劝导皇帝对其他嫔妃雨露均沾。原话是这样讲的，"晋封椒殿，协福履以均绥；服训闺闱，播徽音而逾茂"。

唉！真真是让人无言以对。深深的紫禁高墙究竟掩藏了多少故事，我们无法一一探知，也只能够从历史的一鳞半爪中思索。

第三十一章　新欢旧爱

后宫从来不是哪一个女子的天下，每三年一次的选秀女活动保证了皇帝后宫有规律的"吐故纳新"。乾隆登基后陆续增添了几拨新人，初期进宫的有蒙古镶红旗都统纳亲之女巴林氏、陆士隆之女陆氏以及满洲镶黄旗侍郎永绥之女叶赫那拉氏等多名后宫女子，慢慢从常在、贵人渐渐熬起，如果有得宠一些的便晋升为嫔、妃，如庆嫔、颖嫔、舒妃等。

但是也有的偶尔得过皇帝一夕恩宠，从此便被抛在了脑后。这些不幸的女子只能在深宫中做一辈子的"常在"，任时光蹉跎了容颜，渐渐老去。

乾隆十八年（1753 年）七月，已故河道总督那苏图之女戴佳氏，入宫即被册封为忻嫔，这显然是很罕见的。想来是因为其父那苏图乃是忠君爱国之能臣，又入了贤良祠的原因。皇帝此举，实有怜悯安抚老臣之意，前朝后宫一盘棋，所有的一切都是为清朝皇室、社稷江山服务。

话说回来，这戴佳氏虽说有父亲的恩荣在身，不过她为人处世颇知进退，惹人爱怜。皇帝不由高看几分，常去走动。

此时的乾隆40出头的年龄，由于他常年偏爱户外运动，因此身体非常健康，而且从外貌看起来比实际年龄要小很多。也许是因为经历了太多的伤逝风波，不愿再触及心底深处的创伤、回忆从前，他开始有意减少到翊坤宫的次数，寻找能够给他带来安慰和欢乐的地方。

无疑，正值青春妙龄的忻嫔那里是目前最合适的去处。因为年龄的关系，她那张明艳的脸上带着仿若少女般纯真的笑容，让乾隆顿时轻松不少，将前朝后宫的种种烦闷顿时忘到了九霄云外。

总之，这段时间只要是和戴佳氏相关的东西，对乾隆都有着难言的魅力，这一切都是他的忘忧散，安慰着所有，滋润着所有。

然而无论乾隆将自己包裹在忻嫔这块年轻的帷幕后有多么严实，现实还是要向他展开真实的一面。乾隆二十年（1755年）正月十六，嘉贵妃金氏辞别撒手西去，或许当年幼小的永瑢（皇九子）离她而去的时候，她的心便不快乐吧？后来，即便是永瑆（皇十一子）的降生，也不能缓解内心的伤痛，渐渐变得笑容少了，眉宇之间透着说不出来的忧郁。

对于曾经的爱妃，乾隆当然不会吝啬，无论如何都得死后哀荣再晋一级，因此嘉贵妃追谥为淑嘉皇贵妃。

然而时间不长，纯贵妃苏氏也卧病在床。想起这个女人乾隆的心也是有一丝内疚的，身为三阿哥的生母，这些年一直活在惶惑与忧郁之中，而自己也懒怠去看她。

多少年，乾隆一直疑心着，疑心宫里的这些有了资历的女人们，会利用阿哥母亲的身份去教唆孩子们心存非分之想。他防着这几个渐渐长大的阿哥们，防着他们的母亲……所以才有了孝贤丧期那许多的纠纷，有了对大阿哥和三阿哥的申饬！

是的，擒贼必须先擒王！自从孝贤走了之后，乾隆冷酷地打压着这两个庶出的，也是年龄最大的皇子。为了大清江山社稷，他不能不防着他们，捎带着连他的母亲也不受待见了，就那样冷冷地，客气地供奉在华丽的"监狱"之中——

有锦绣绫罗、有山珍海味、有贵妃那顶高贵的帽子，但是就不能有热情！他要她们懂得分寸，自生自灭！

现在，大限终于要到了，乾隆紧咬的牙关忍不住一松，几乎要落下泪来。病床上的纯贵妃形容枯萎，昔日秀美的脸上已失去了神采，如同一块木头毫无生气。人非草木岂能无情，看到这副模样，他略显麻木的心还是忍不住刺痛：这个从潜邸就开始陪伴自己的女人也曾年轻靓丽，和自己一起度过了青春快乐的时光，可是现在就要走了，永远走了。

他虽然不能为她做什么，可是更加华美的帽子还是有的，他不要她死后哀荣，他要她活着就能看见——这也是他唯一能做的。

于是，乾隆二十五年（1760年）四月，病中的纯贵妃晋升为皇贵妃，同月十九日薨逝，终年48岁，后追谥为纯惠皇贵妃。

值得一提的是，纯惠皇贵妃去了不到三个月，同年七月十六日，三阿哥永璋也去了，年仅26岁，死后被追封为循郡王。

第三十二章　令妃受宠

事实上，自乾隆二十年（1755 年）开始，皇帝就将目光投射到了后宫年轻靓丽的妃子身上。而那些潜邸就开始陪伴他的"老人"，随着她们的人老珠黄生命渐渐委顿，先后离开了人世，剩下为数不多的几个只好守着宫里的某个院落，戚戚度过余生。

从乾隆子女的出生记录看，在此期间比较受宠的便是忻嫔戴佳氏和嘉庆帝的生母令妃。然而戴佳氏竟是个薄命的，接连为皇帝生了两个公主都是于襁褓之中便夭折了，最可怜的是在第三次怀孕已经足月的情况下母子（女）双亡，真是令人不胜唏嘘！

从此，令妃渐渐走入了她的黄金时代。"令"之一词出自《诗经·大雅·卷阿》：颙颙卬卬，如圭如璋，令闻令望，岂弟君子，四方为纲。这里的圭和璋都是古代玉制的礼器，用以形容一个人的气质如美玉般高雅；令闻令望，指的是有美好的名声和威仪令人仰慕。

相比其他妃嫔惠、娴、婉、愉、嘉等封号，"令"之一字的确清新脱俗不同凡响，可见她在乾隆心目中的确区别于众人的存在。

令妃出生于雍正五年（1727年）九月，比乾隆小16岁，进宫时间不详，出身也很普通。按照《八旗满洲氏族通谱》的记载，令妃本姓魏，满洲正黄旗包衣，父亲是内管领清泰，母亲杨佳氏。其父、祖都不曾出仕做官，只是内务府低层世代包衣，显然和惠贤皇贵妃高佳氏那样的朝廷新贵不能相提并论。

按照清朝的选秀女制度，像魏家这样家庭出身的女儿只能够参加每年一次的官女子(宫女)遴选，而每三年一度的"内廷主位"秀女遴选，她显然是没有资格参加的。

也就是说，令妃从一个普通的宫女晋封嫔妃走的并不是寻常之路！

从流传下来的乾隆后妃肖像画中，我们不难发现令妃和孝贤皇后的神态气质颇为相似，似乎她们之间存在着某种非比寻常的关系。而这种感觉于乾隆为孝贤皇后陵前祭酒所写的一首诗中得到了验证：

> 那能恝尔去，仍趁便而来。
> 言念曾齐案，奚堪更酹杯！
> 草犹逮春绿，松不是新栽。
> 旧日玉成侣，依然身傍陪。

当时的情况是，孝仪皇后（令妃）魏氏薨世，并且以皇贵妃的礼仪葬在孝贤皇后棺椁的东侧，因此才有了这首感怀诗篇。而且我们能够很明显感知，这两位墓主人生前关系非常好，以至于乾隆专门做一番告慰。

所以，唯一可能的情况就是，令妃当年选入宫之后分在孝贤皇后宫里做了宫女学规矩。经过一段时间的观察，孝贤认为堪可大用，于是调理一番推荐给了乾隆。

如果这样的事情放到别的妃嫔身上似乎可以理解，以乾隆和孝贤这一对伉俪夫妻也这样做似乎有些不可思议甚至是滑稽。但是在古代妻妾成群的封建社会，又是最常见的，唯一的爱情观根本就是一种奢求，何况是有着三千佳丽的帝王后宫呢？

从孝贤皇后的角度来说，后宫辈有新人出，与其来一些不知底细的庸脂俗粉在后宫争风吃醋，还不如给皇帝推荐一些清新宜人的女子，皆大欢喜。

对于孝贤皇后的美意，乾隆最初是有些无可奈何的，但是也给足了发妻面子。

于是，在外人看来毫无根基的魏氏忽然之间交上了好运，先是在乾隆十年（1745 年）正月晋封为贵人，紧接着就在本年十月份高升为令嫔。孝贤皇后不幸薨逝之后，乾隆十四年（1749 年）那拉氏的娴皇贵妃的册封典礼上，令嫔也跟着一起晋封为令妃。

这样的升迁速度在乾隆后宫是相当罕见的，无论是潜邸过来的老人，还是后来的新宠都无法与之相比。

然而，对于这位年轻美丽的少女乾隆并没有产生多大的兴趣，只是看着孝贤皇后的面子上给足了她优待。令妃的真正受宠，是在她将近 30 岁的时候。也许，日渐成熟的她渐渐褪去了少女的稚气，举手投足间越发酷似先皇后，仿若孝贤再生，以至于念旧的乾隆恍惚之间在她身上找到了曾经的感觉，并且对她产生了无法自拔的依恋。

乾隆二十一年（1756 年），令妃产下了固伦和静公主，这是她受宠的开始。紧接着，乾隆二十二年（1757 年）七月十七日，又生下了皇十四子永璐。同月，那拉氏皇后的皇十三子永璟殁了。

至于继后那拉氏和令妃的关系，宫墙深深，一个皇后、一个宠妃，究竟她们的关系怎么样我们不得而知。但是望文生义，那拉皇后的"娴"之一字，说明她是一个性格文静，不爱多话的人；而且从后来乾隆的评价"尚无失德"来看，说明她多年的皇后当得还是不错的。

但是说她们之间是风平浪静，恐怕也并非如此。乾隆二十一年（1756 年）之后，令妃开始了她的独步后宫生活，不断地为皇帝生儿育女，而且成活率极高！论起这一点，后宫中人上至二位皇后、下至各位宠妃，无人能够与之匹敌。

反观那拉皇后，也许是因为年老色衰的关系，皇帝已经很少问津了——至少，她没有再为皇帝生儿育女。

可以说，令妃的"得宠"和那拉皇后的"失宠"几乎处在一个时间段上。或许，这就是她们之间的"缘分"？

还是用《诗经·大雅·卷阿》的部分文字作为本章的结束吧，也许冥冥之中自有天意：

颙颙卬卬，如圭如璋，令闻令望。

岂弟君子，四方为纲。

凤皇于飞，翙翙其羽，亦集爰止。

蔼蔼王多吉士，维君子使，媚于天子。

凤皇于飞，翙翙其羽，亦傅于天。

蔼蔼王多吉人，维君子命，媚于庶人。

凤皇鸣矣，于彼高冈。

梧桐生矣，于彼朝阳。

　　遇上令妃这样一个上媚天子、下媚庶人的五彩凤凰，岂非命乎？

第三十三章　帝王家庭

　　六宫秩序井然，能够安然做一个赏花人，这里面当然有皇后的"功劳"在内。乾隆对此心知肚明，于是投桃报李给予那拉氏应有的尊重和礼遇。

　　乾隆二十四年（1759 年）二月十七日，皇后亲蚕。关于皇后亲蚕的程序和意义前文有交代过，这次单纯说一下人员的配比和构成。

　　由皇帝钦点的陪祀者有：怡亲王福晋、和亲王福晋、果亲王福晋、公特通厄之妻和硕格格、平郡王福晋、宁郡王福晋、公扎拉丰阿之妻多罗格格、贝勒弘明之妻、公永伟之妻、公永璧之妻、公傅恒之妻、公阿里衮之妻、公巴禄之妻、公德禄之妻、尚书那延泰之妻、散秩大臣姜保之妻、副都统福禄之妻、子黑达色之妻、子色布腾之妻；另外尚有嫔妃二人，应该少不了势头正旺的令妃。

除此之外，需要特别注意的是乾隆和孝贤皇后的爱女固伦和敬公主以及和亲王弘昼之女和硕和婉公主都参加了此次活动。

像这样上层贵妇云集的盛会，犹如众星拱月一般维护着皇后母仪天下的形象，更有向天下臣民展示帝国夫妻琴瑟和谐的作用，盛世夫妻理当如此！

太平盛世的各种礼仪活动又是最烦琐的，从正月起就不得闲，各种名目繁多的典礼祭祀活动以及宴请王公贵族等，到了元宵佳节又要在圆明园的"山高水长"观看烟火花灯——说白了和咱们老百姓过年过节的一样的，只是更加豪华璀璨。

等到进入二月，祭社稷、行藉田、开经筵、皇后亲蚕……随着清明时节的到来，普通人家都要去祭祖，何况帝王之家呢？拜祭东西陵更是少不了的。

四月要祈雨、五月赛龙舟、夏秋两季正是出游的好时光，从北京城的清漪园、玉泉山、香山渐渐向外走，就到了我们之前提到过的盘山行宫。如果尚且不尽兴，继续带着大队人马到热河避暑、木兰秋狝。

所谓木兰秋狝，指的是清朝皇室贵族每年秋天在木兰围场行围狩猎的盛大活动。木兰是满语，汉语的意思是哨鹿；而哨鹿，是准备狩猎的时候命人模仿鹿鸣，从而引来鹿群——以此命名真是形象生动！

这场权贵之间近似于游乐性质的饕餮盛宴，其实并没有表面上看到的那么简单。木兰围场位于今河北省东北部，和内蒙古草原相连，这里多年来就是水草茂密、飞禽走兽生存的大草原。

康熙二十年（1681 年），康熙为了训练八旗军队，在此开辟了一万多平方米的大型狩猎场，每年秋天都要率领者王公贵族、八旗精兵到此举行以围猎为名的大型军事训练活动，这就是木兰秋狝的由来。

除此之外，围绕着木兰围场，清政府还修建了一些行宫，譬如盘山行宫、热河行宫。热河行宫也叫作避暑山庄，康、乾时期皇帝经常去热河避暑，一直到秋狝结束后才返回京城，因此形成了新的政治军事活动中心。

乾隆中期，自从金川战役和平定大小和卓之后，四方臣服，国力又上了一个台阶。作为盛世之君，乾隆的日子过得丰富而多彩，每年携家带口在外体察民情，寓教于乐，不亦乐乎！

从《拨用行文底簿》的一些资料来看，这段时间的帝后关系是稳定和谐的：

乾隆二十六年（1761 年）七月十七日，皇帝外出哨鹿，同行后妃有：皇后、令贵妃、舒妃、豫嫔、郭贵人、伊贵人、瑞贵人、和贵人。

乾隆二十七年（1762 年）七月初八日，皇帝出外哨鹿，同行后妃有：皇后、舒妃、颖妃、豫嫔、慎嫔、容嫔、郭常在，共七位，手下女子共十五人。

乾隆二十八年（1763 年）五月十八日，皇帝驾行热河，皇后住汤泉。同行嫔妃有：庆妃、颖妃、忻嫔、豫嫔、慎嫔、容嫔、新常在，共八位，手下女子十七人。

乾隆二十九年（1764 年）七月十七日，皇帝出外哨鹿，同行有：皇后、令贵妃、庆妃、颖妃、容嫔、福贵人、新常在、永常在、宁常在、那常在、武常在。共十一位，手下女子二十三人。

另外清宫还藏有一张《威弧获鹿》图，画中的女子身穿少数民族服装，袍子上绣着"巴旦木"的图案。在这张图上，乾隆和妃子都骑马跃动，乾隆正在张弓射箭，妃子正在为他递箭，二人互动良好。

根据这张图的题款时间，应当是乾隆二十七年（1762年）七月创作，那么就应该是当年乾隆和后宫妃嫔们在木兰围场秋狝的事情了。根据有关人士分析，画中的妃子完全有可能是家喻户晓的"香妃娘娘"和卓氏。

乾隆二十六年（1761年），正值崇庆皇太后的七旬大庆。这一年十一月二十一日，一贯侍母至孝的乾隆皇帝效法二十四孝中"斑衣戏彩"的典故，在寿康宫带领着一群皇子皇孙、额驸翩翩起舞，博取太后一乐。

到了二十五日正日子那天，那拉皇后奉了皇帝旨意，在寿康宫进上了皇帝御笔亲写的贝叶长生汉字金字《无量寿佛经》一套，共计二部。

一片赤子之心，尽在其中！

参考资料：

1.（来源：《拨用行文底簿》，原引用者为紫禁城学会于善浦）《国朝宫史》

第三十四章　皇家贵胄

借着皇太后的万寿之喜，我们来聊一聊乾隆的两个兄弟，和亲王弘昼、果亲王弘瞻。

前面我们说过，和亲王弘昼很早就死了争强好胜的心，每日里装疯卖傻表白了自己的心迹。乾隆也不傻，既然没有了利益之争，自然就可以和和气气做好兄弟了。

或者，这就是雍正当年晋封弘昼为和亲王的初衷？这个暂且不表，咱们重点说一说让皇帝头疼的幼弟弘瞻。

乾隆当年即位的时候，弘瞻年仅两岁，粉妆玉琢甚是可爱。看着这位比自己儿子还要小几岁的弟弟，也许是可怜他小小年纪就没有了父亲的疼爱，乾隆很想向他表示亲近。然而，这孩子对身穿龙袍的皇帝哥哥却满是畏惧。

有一次，乾隆看见小弘瞻正在圆明园玩耍，就想召他过来说说话。谁知这一叫不打紧，小弘瞻吓得转身就跑。这一下乾隆感到有点丢面子，但是又不能和小孩子计较，只好将满腔邪火发泄到了身边的一干太监身上。

乾隆三年（1738 年），十七叔果亲王允礼死后身后无子，乾隆便把弘瞻过继给允礼，承袭了果亲王爵。因为允礼在世的时候，是诸王中最为富裕者，弘瞻便承袭了好大一笔家业，每年的租税所得除了花销之外，盈余"不音矩万"。

虽然弘瞻名义上过继了出去，但是乾隆对其爱心不减，依然希望尽到身为兄长的职责，特别聘请著名诗人、礼部侍郎沈德潜给他做师傅。功夫不负有心人，在名师的教导下，弘瞻在诗词方面学有所成，被世人赞誉"诗宗归于正音，不为凡响"。

弘瞻届满 18 岁，乾隆就开始对他委以重用，先让他负责武英殿、圆明园八旗护军营等体己人才能干的活。历练了两年后，就把内务府下设负责皇家采办的事务交给了他。

民间有句流传已久的话，叫作三岁看老，但是长大后的弘瞻并不是这样。也许是因为皇帝哥哥对他过于溺爱，给他创造的条件过于优渥，年轻的果亲王渐渐对皇帝少了从前的畏惧之心。

有一次，居然称呼乾隆为"汗阿哥"，乾隆因此说了他几句，弘瞻的脸色就变得不好看，一副愤愤不平的样子。还有一次，乾隆让他到盛京恭送玉牒，他却上奏说要先行围猎去。种种事端让乾隆很不高兴，但是又想着果亲王年纪尚小而一次次将怒火按捺下去，并且以此宽慰自己。

　　到了乾隆二十八年（1763 年），也许是弘瞻人生的关口到了。本来是两淮盐政高恒替京城那干王公大臣们贩卖人参牟利的案子，但是审着审着就把弘瞻牵扯进来了。据高恒供述：果亲王弘瞻欠了商人江起镨的钱，就让王府护卫带江起镨找到高恒，让他帮着售卖人参，其中获取的利润用作抵债。

　　这件事情汇报到乾隆那里，让他顿时就觉得脸上无光，无论如何这都不是一个御弟该干的事呀！恼怒之下乾隆决定新账老账一起算，于是就让人严查弘瞻平日的所作所为。

　　这一查就纸包不住火了！果亲王开设煤窑抢占平民产业的事情败露出来了，为朝廷采办货物强行低价买进的事情也被人揭发了，还有找军机大臣企图买官等不法事情，都放到了皇帝的龙案上等待圣裁。

　　而弘瞻不知危险将至，还是我行我素，总感觉仗着皇上弟弟的身份没人敢将他怎么样。就在这一年的五月初五，圆明园的九州清宴走水（失火），诸位王公大臣都赶来了，反而住所最近的弘瞻来得最迟。姗姗来迟之后，也没有急着救火，而是和身边诸位皇子谈笑风生。

　　乾隆的雷霆大怒在 8 日后爆发了，将业已掌握的果亲王不法事端来了个底儿掉，发布长谕历数其过："果亲王弘瞻，以朕幼弟，自孩提养育，迄于成人，乃不知只遵朕训，承受朕恩，屡次犯过，罔知绳检。如从前开设煤窑，占夺民产……"

　　诸如此类，不一而足。而最让乾隆气恼得莫过于弘瞻委托高恒售卖人参牟利的事情，真真是坏了皇家颜面。谕旨中，字里行间都能感受到乾隆的冲天怒气，只听他质问道："（果毅亲王允礼在皇考时）任事最久，赏赉亦最优，诸王中较为殷富。弘瞻既得嗣封，租税所入，给用以外，每岁赢余，不啻巨万，何至交给侵渔，不畏科条，不顾颜面，竟至此极耶？又弘瞻坐拥厚赀，对母妃不尽孝道并屡屡索取财物，如此放荡不羁，不知何为？！"

好嘛，也难怪皇帝哥哥生气，分明找了一处丰厚的家业让你弘瞻去继承，守着大好的金矿做起守财奴来了，连带着自己的寡母都要算计——也真难为他是在锦衣玉食的皇家长大的，眼皮子真浅！

乾隆此番下定决心好好教训一下这不懂事的小兄弟，以干预朝政的罪名削去了他的王爵，降级为贝勒，而且罢免了所有的官职，罚银一万两。

只是可怜和亲王弘昼在此番事件中，也跟着受了连累，被罚俸3年，罪名是"仪节僭妄"。原因很简单，据乾隆本人说，有一次弘昼和弘瞻兄弟给皇太后请安时，两个人"膝席而跪坐"的地方，按照尺寸应该是皇帝请安该跪的地方——分明就是不把皇上放在眼里嘛！

被革职的弘瞻从此郁郁寡欢，忧郁成疾，于乾隆三十年（1765年）三月初八日病亡——当然，这就是后话了。

千年的月亮光幽幽地照着，照在弘瞻的床头，照亮了皇长子永璜孤单单的陵寝……也照在了皇十二子永璂稚气的脸上……

　　清冷的月亮光里，年仅两岁的皇十五子永琰在睡梦中发出了无意识的笑容。守护在身旁哼着歌谣的那个人只是个嬷嬷，而他的母亲令贵妃此刻正陪着皇上温柔低语，情深似水。

第三十五章　烟雨江南

"我梦江南好，征辽亦偶然。但存颜色在，离别只今年。"每一个人都有自己的梦，隋炀帝为了梦中的江南，凿运河、造龙舟，倾尽全国之力换了个国破家亡。

乾隆帝也有自己的梦，一个关于南巡江南的梦，但是他不是为了江南好颜色，而是想成为圣祖康熙皇帝那样的人，成为一样的盛世之君。

登基之初，他便将出巡江南的心思和大学士讷亲略吐一二，但是讷亲对此并不赞同，到江南转了一圈后回禀万岁爷，江南风景并没有传说中的好，平庸得很。乾隆听了意兴阑珊，只好打消了念头。

转眼到了乾隆十三年（1748 年），讷亲金川战役失利被处死。乾隆十四年（1749 年）十月，有江南督抚和各界群众代表联合奏请圣上南巡，皇帝御览后交给了朝中大臣讨论。大臣们纷纷表示，前有圣祖康熙皇帝六下江南的先例，取得的成效很好，恰逢地方官民所请，正是皇上到江浙一带巡阅的好时候。

乾隆一听龙颜大悦，顺便表达了自己的观点：江南是国之粮仓，对于那里的民情政务自己历来非常关心，以及河务海防都是国家大事，本来早该去看看，只是因为路途遥远政务繁忙没顾上罢了。

说到这里，他又提起了圣祖康熙皇帝当年南巡的事迹，满怀憧憬，每次看到圣祖实录记载圣祖当年恭奉皇太后南巡时，江南百姓举家欢迎，齐颂天家孝德。百善孝为先，正好乾隆十六年（1751 年）是崇庆皇太后 60 大寿，此番所议可以说是恰当其时。

无论乾隆的理由是否冠冕堂皇，从执政者的角度考虑，也并非全无道理。但是有一点理由他肯定不会着重去说，那就是爱慕江南之美。当然了，这也属于人之常情，别说普天之下莫非王土，就是我们小老百姓也想到处走走看看。

就像天安门城楼上的那对犼一样，一个头朝宫内，名叫"望君出"，意思是提醒紫禁深处的皇帝常到民间体察百姓疾苦；一个头朝宫外，名叫"望君归"，意思是提醒皇帝不要被外面的声色犬马所迷惑，及时回归庙堂处理朝政。

总之，凡事都有个度。

还好乾隆心里也明白皇家出行是需要用银子铺路的，事先表态所有的费用全部由内务府出，不会动用国库的"公款"，也不必惊扰地方官民。至于沿途的衣食住行所需，看得过就好，也不需要过于追求华丽花费多余的银两；还有那些名胜古迹，保持原生态风光即可，实在有年久失修的地方只需略加整修。

在这节骨眼儿上，闽浙总督和署理浙江巡抚也趁势上了道奏折，请求皇上"临幸浙省，阅视海塘"。

果然都是久在官场浸淫了的政客们，个个都知道事情该怎么办！既然下面的呼声这么高，江南之行势在必行，于是皇恩浩荡一口答应了。

从乾隆十六年（1751 年）开始首次南巡，之后乾隆二十二年（1757 年）、乾隆二十七年（1762 年）……每次南巡路上都要花费将近半年的时间，用船多达四五百只，随驾当差的官兵往往在两三千人之间，马匹六七千匹。除此之外，沿途征召的民夫和其他杂役人员更是多不胜数。

道路方面，皇帝途经的御道光是中心路道就要一丈六尺，另外还有两边的帮宽三尺，全部要求坚实平整、黄土铺垫、清水净道、逢山开路、过河搭桥。但是也有例外，比如乾隆第一次南巡拜祭大禹陵的时候，就遇到了些麻烦。

据办事大臣所奏，从杭州到绍兴一南镇一带水路，河道狭窄，只能通过一条船；中途还有石桥 40 余座，需拆毁过半。另外皇帝和随从人员的住宿也是个大问题，若是在陆地设置御幄，地气又太潮湿，对龙体不利。

乾隆了解情况后，表示已经到了大禹陵百里之内，若是不亲自去祭奠，感觉"无以申崇仰先圣之素志"，所以还是要想办法解决这个问题。

怎么办呢？说起这一点乾隆还算明智，他不愿意因此引起民怨，那么只好委屈自己了。关于水路狭窄无法通过御舟的问题，好办！不坐御舟，改乘小舟就行。至于陆地地气潮湿，安置御幄困难的事情，那就另外造一只大船好了，晚上就住在那里。

皇帝金口玉言，万尊之躯，话说到这个份儿上，手下的官员们也没有什么话可说了，照办就是。

对于皇帝的到来，老百姓也感到很兴奋，纷纷赶来一睹天颜，可怜看到的只是密匝匝一片黄旗而已。尽管真龙天子的面目没有见到，但是江南百姓的政策实惠还是有的。比如首次出巡就下旨减免了江苏、浙江等省历年欠下朝廷的钱粮。

具体数额，举个例子：乾隆元年（1736 年）到乾隆十三年（1748 年），江苏省累欠地丁 228 万两、安徽省累欠地丁 30.5 万两，此番皇恩浩荡全部被免掉了——可见，在繁华富庶的表面下江苏、安徽两省百姓为了供养朝廷背负了多大的包袱！

当然也有表现好的，比如浙江省就没有欠朝廷的债务。像这样的优秀地区，皇帝也不会亏待了他们，下旨将当年的地丁钱粮减免了 30 万两。

所谓地丁，是清代的一种赋税制度。

像这样的好事，皇帝也不会厚此薄彼，对途中经过的直隶、山东等地，蠲免了本年应征额赋的 3/10。

乾隆南巡，除了上面说过的学习圣祖康熙皇帝南巡、民情政务、海防河工、孝顺皇太后的理由之外，其实还有个目的，就是想笼络江南士子之心。

关于江南，抛开经济地位和秀美风光不谈，在文化上更是全国最鼎盛的地区。以清朝科举为例，从清朝顺治到乾隆 100 来年的时间、60 次科考，仅江浙两省就出了 51 名状元，占了全国状元总数的 87%；榜眼 38 人，占到全国总数的 62%；探花 47 名，占到全国总数的 67%。

真可谓人才济济！读书人多了，很大程度上就掌握了官方到民间的话语权，清朝历代皇帝又怎能等闲视之？况且，清初明朝残余政治势力一直在南方活动，试图与清朝对抗。在这种情况下，历代皇帝怀柔和严酷打压两种手段兼而有之，甚至以后者为重。康雍乾三朝"文字狱"均与此有关！

试问，还有什么比拉拢天下士子之心更重要的事情呢？

所以，乾隆在南巡期间数次借着在各地孔庙行礼的机会，面见那些自愿参拜乾隆的读书人，现场测试诗文，遇到优秀的学子直接授予官职，选拔了很多"天子门生"。

另外，因为江南人次众多，每次科举考试前往应试的人自然也很多，乾隆对此大行优待，下旨给江苏、安徽和浙江三省官办学府增加了名额。

除此之外，乾隆对于那些前来接驾的老臣（年老退休或者其他原因居家），一律给予厚待，或者赏赐人参、貂皮等贵重物品，抑或给他们的子孙赏赐功名；也有直接启用和授衔的。

比如陈世倌和钱陈群。这陈老倌本是乾隆初年的废员，后被启用为左副都御史，再至工部尚书升为大学士，在一次为皇帝拟旨的时候出了差错，被乾隆怒斥"卑琐不称大学士"，因而罢职回家闲居。

首次南巡的时候，陈世倌在皇帝面前表现良好，下了一道谕旨：原任大学士陈世倌从前罢任，尚无大咎，上年已复原衔，此番于行在虑经召见，虽年过七十，精力尚健，且系旧人，仍著其入阁办事。

也算皇恩浩荡，苦尽甘来！咱们现在来看一看很少为世人注意的钱陈群。

钱陈群（1686—1774 年），本是浙江嘉兴人，字主敬，号香树，吴越王钱镠的后裔。自小没了父亲，家境贫寒，由母亲陈书亲自教授，竟然学成了一肚子的学问。

康熙末年进士、庶吉士、编修，到了雍正朝也仅官至顺天学政，雍正对他的评价是"安分读书人"。到了乾隆朝，钱陈群将亡母亲手所绘的《夜纺授经图》献给朝廷，乾隆大喜之下亲笔书写"清芬世守"，渐渐受到了重用升到了刑部侍郎。自此君臣二人结成了诗友，你来我往，连绵一生。

乾隆十六年（1751 年）首次南巡时，钱陈群就伴随南下，君臣二人一起祭祀了钱王祠（钱氏祖先吴越王钱镠。）乾隆二十二年（1757 年）南巡时，钱陈群继续跟随，再祭钱王祠。由于此时已是七十古稀之年，皇帝恩典让其领取全额工资退休在家养老——对比一下当年张廷玉退休乾隆的态度，就可知道分量有多重！

乾隆二十六年（1761 年）皇太后钮祜禄氏 70 大寿时，76 岁高龄的钱陈群和也是退休在家的沈德潜一起赶赴京城专程贺寿，乾隆高兴之余，为钱陈群加了尚书衔。到乾隆二十七年（1762 年）三次南巡时，更是以老朽之躯陪着皇家游览团成员遍走无锡、苏州、嘉兴、杭州等地。这样的恩宠只怕一时无两！

想要知道钱陈群在乾隆心目中潜在的分量，可以对照一下好友沈德潜的境遇。在前面章节，我们说过沈德潜是乾隆亲自为果亲王弘瞻选定的师傅，也算皇帝的诗友之一。

沈德潜诗才了得，曾经被乾隆称之为"江南老名士"。第一次下江南，退休在家的沈德潜赶赴清江浦迎接圣驾，乾隆不但慷慨地为他御赐了礼部尚书衔，并且很直白地写诗表示："我爱沈德潜，淳风挹古福。"因此引得陪伴一旁的钱陈群喝了下两句："帝爱沈德潜，我羡归愚归。"

沈德潜，号归愚。该诗的高明之处在于，乾隆的御赐诗和钱陈群的和诗巧妙地将沈德潜的名号嵌在了其中。一时间传为文坛佳话。

乾隆三十四年（1769 年），97 岁高龄的沈德潜去世后，被追封为太子太师，赐谥"文悫"，入了贤良祠。

按理说，此时的沈德潜算得上功德圆满、善始善终了，然而，事情的变化远非我们所能想象。乾隆四十三年（1778 年），江南东台县发生了一起严重的政治事件，"徐述夔诗案"。

徐述夔是一名已故的举人，生前和沈德潜关系不错，他所著的《一柱楼集》中的"明朝期振翮，一举去清都"，被人举报有反清复明之意。

沈德潜倒霉在，曾经为老朋友徐述夔写过传记。这下好了，皇帝龙颜大怒，沈德潜生前的荣誉全部被追回了，削封除衔、罢祠毁碑，坟墓也被铲平了。估计若再多活两年，恐怕就难得全尸了！

按照乾隆处理文字狱的冷酷性，和沈德潜关系不错的钱陈群只怕也难逃干系，然而，他却什么事也没有，乾隆三十九年（1774 年）过世后，谥号"文端"，入了贤良祠。就像乾隆为其写的《怀旧诗》所云：

迎銮三于浙，祝厘两入京。

唱和称最多，颂中规亦行。

林下唯恂谨，文外无他营。

优游登大台，生贤殁亦荣。

　　在伴君如伴虎的年代，能够善始善终也算难得的异数了。

　　值得一提的是，乾隆朝著名的阿桂将军、纪大学士、刘墉、钱大昕都是钱陈群门下弟子。

第三十六章　胭脂香色

其实，乾隆南巡除了那些必备公务，和江南名重天下的好山、好水、好风光也是分不开的。因为，江南不仅是诗书繁华地，更是温柔富贵乡。

隋炀帝贪爱江南美色，乾隆不能免俗，他的皇爷爷康熙也不能免俗。其中的区别仅仅是江山与美色之间的权衡以及所占比重问题。

康熙朝名臣李光地在《榕村语录续集》中写下了这样一件事情：山西巡抚噶礼迎接圣驾的时候，每一站行宫都安排了顽童妓女在其中，皆由隔岁聘请的南方教习。据悉，"行宫已费十八万，今一切供馈还得十五万"。

噶礼花费重金当然是为了取悦皇帝，并且献上了四名品色俱佳的美女，众目睽睽之下康熙断然拒绝，大义凛然说道："用美女计耶！视朕为如此等人乎？"

愤怒之下的康熙帝，对身边接受了噶礼"礼品"的办事人员全部进行了惩处。

无独有偶，在康熙朝工作过的法国传教士白晋也在《康熙帝传》中留下了类似的记载："几年前，皇帝到南京巡视，人们根据旧习惯。以朝贡的方式向他进献了七个美女。他连看都不看一眼，拒不接受。"

这说明康熙还是比较自律的，但是我们需要注意的是，既然是旧习惯，那么这种习惯是谁养成的呢？

有一次，康熙和宠臣高士奇说，"有贵嫔像，写的逼真，尔年老，久在供奉，看亦无妨。"之后拿出了两幅画像，指着其中一幅说："此汉人也。"又指着另一幅说："此满人也。"

这说明康熙并非不能接受汉妃，一则有祖宗家法放在那里，不能明目张胆；二则担心有人投其所好，不免成灾。就像他在康熙四十六年（1707 年）三月十七日回复给亲信大臣王鸿绪的御批中说的那样："前岁南巡，有许多不孝之人骗苏州女子，朕到家里方知，今年恐又有如此行者。"

在那样的社会制度下，依靠的就是君主的自律。也许，明君与昏君的区别就在于此。

晚年的康熙，后宫纳有汉妃已经是公开的秘密。最后一次南巡时，康熙有意带上汉妃密嫔的两个阿哥到江南，也算是了了心愿。

另外，根据《永宪录》所载，为康熙产下二十四阿哥的白贵人就是苏州女子；还有襄嫔高氏、熙嫔陈氏、静嫔石氏等。

以圣祖康熙皇帝为偶像的乾隆，又怎么会错过美色冠绝天下的江南佳丽呢？

甚至有传闻，在宫中如日中天的令贵妃便是江南女子。持这种观点的是一位名叫恒慕义的美国学者，他在编撰《清代名人传略》时，对嘉庆帝颙琰做了这样的注释：有记载说，颙琰（即永琰）之母孝仪皇后原为苏州女伶，乃是掌管宫中娱乐的衙门昇平署自苏州买来或雇佣者。甚至有人断言，昇平署内有一座小庙，供奉着一尊女神喜音圣母，圣母脚前一度立有颙琰及其子旻宁（即绵宁，道光皇帝）庙号和谥号的两座牌位，如同这两人就是她的后代。尽管有这种可能，但官方记载却说：孝仪皇后是满洲人，《八旗民族通志》载有姓氏，其家至少有三代世为内务府包衣。

客观地说，这样的注释比较客观，只是不知令贵妃（孝仪皇后）为苏州女伶的记载从何而来。假如真有所出，那么魏氏李代桃僵变化到内务府清泰名下为女也是有可能的事情。毕竟，内务府属下的昇平署本来的职责就是搜罗色艺俱佳的优伶，以图皇家一乐。

凡事皆有可能。或许，当年真有这样一个苏州优伶被皇帝或者皇后看上了，在后宫加以调教后晋封为贵人。当然，这些都是孤证，大家知道有这么回事就好，不必当真，话题回到乾隆身上。

想要知道乾隆对于江南美女的态度，我们可以从御赐纪晓岚"倡优大学士"这件趣事上看到一二。

面对着祖宗留下的锦绣江山，恰值太平盛世，乾隆在江南巡视好像有些乐不思蜀了，可是江南官民就有些受不了了。有一次他和纪晓岚谈起了上古时期天子巡狩的事情，本意是自夸。

但是纪晓岚不是这样认为的，正愁着没法劝谏呢，皇帝将话题送到口边了，于是上纲上线给乾隆讲了一通天子巡狩的大道理。从秦始皇到隋炀帝，讲得是口沫横飞，可是没有一句是好话。

　　这厢他正讲得滔滔不绝，风生水起，那边乾隆皇帝越听越恼，冲口说出了一通任谁也想不到的"好话"。只听乾隆骂道：

　　"你不过一届书生罢了，有什么资格谈国事！朕只是看你文字还行，才高看一眼让你领着编撰《四库全书》。实际上就是把你当倡优养着罢了，你凭什么谈国事？"

　　此事一出，天下皆知，纪大学士的脸皮都快掉地上了。出于书生尊严，假说自己年纪大了递交辞职报告准备卷铺盖卷回家。可是乾隆看到后又骂上了："编著《四库全书》的事情正千头万绪，你准备往哪儿去？你年纪比朕小那么多，居然想要班门弄斧在朕面前卖老！这分明就是欺君。你赶紧回书馆干活去，不要自讨没趣。"

　　眼看皇帝把话撂到这里，纪晓岚也顾不上什么脸面了，只好灰溜溜地回去。

　　这件事在乾隆眼里，纪晓岚就是书生意气，榆木疙瘩不开窍。他想出的办法就是下次南巡江南的时候，让这个土包子开开眼。

　　于是乾隆又说了："本来这次下江南打算带你去，可是考虑到《四库全书》的重要性，恐怕你走了会有影响。要不暂且就别去了，况且你的工作虽然能说过去，还没有到游刃有余的时候。你先回去反省反省，等时机成熟了再带你出去历练历练。"

　　纪晓岚那个郁闷，心想不带就算了，平白受这一番闲气。但是他腹诽归腹诽，还是要好好表现的。

　　说到底，乾隆还是带着纪晓岚一起到江南巡视了，不过临时交给他一个任务，沿途阅览当地士子们的试卷。

　　按照《南巡秘记补编》一书所说，乾隆给纪晓岚找了个营生之后，自己便走进了扬州城的妓院小迷楼。纪大烟袋知道后，书生的耿直劲儿又上来了，给乾隆皇帝上了这么一道奏疏：

"陛下南巡，所以省方观民俗，于治道关系至巨，而民间瞻仰威仪，观听所系，亦非寻常游览可比。乃自出京至此，惟淫逸是耽，惟漫游是好，所驻跸之地，倡优杂进，玩好毕陈，虽海内承平不妨游豫，而宣淫都市宁非亵尊！愿陛下念创业之艰难，守安危之常戒，则酌盈剂虚，庶克拯此民瘼，而忧盛危明，不至潜招奇祸矣，盍鉴于隋炀、明武以自处乎！"

纪晓岚眼中看到的是江山社稷、圣明君子。那么，他心中必然是一片澄明的世界。

只可惜，胭脂香味，迷醉了谁的江山？自乾隆之后，清朝国力日衰，想来也是因果造化。

第三十七章　命运之旅

　　乾隆三十年（1765 年）正月十六日，丑时到寅时之间，大约是凌晨三点半，乾隆由太监们伺候着更衣洗漱完毕，然后喝了一碗冰糖炖燕窝粥，处理一些手头上比较急的公文，不知不觉黑漆漆的天空有微弱的启明星在闪烁。

　　养心殿的东暖阁，内务府的太监们紧张但又有条不紊地摆好了早膳用的桌子。因着今儿皇帝圣驾即将前往江南，皇后和几位随行的娘娘也在此用餐，菜品比往日自然要丰盛些。热气氤氲之中，传膳的太监们忙进忙出，一声咳嗽声不闻，但见早膳如下：

　　燕窝红白鸭子南鲜热锅一品，用五福珐琅碗盛着的酒炖肉炖豆腐一品，清蒸鸭子湖猪肉鹿尾攒盘肉一品，竹节小馒首一品；

　　为表心意，舒妃、颖妃、豫妃也进菜四品，饽饽二品，珐琅葵花盒小菜一品，珐琅银碟小菜四品。随送面一品，用五谷丰登、珐琅碗金钟盖盛的老米水膳一品，额食四桌，中号黄碗菜四品，五福碗盛了羊肉丝一品，牛奶八品。

以上十三品一桌，饽饽十五品一桌，盘肉八品一桌，羊肉两方一桌。

这边膳食刚刚摆放好，那边胡太监打帘伺候着乾隆也到了。那拉皇后率着令贵妃、庆妃、容嫔、永常在齐齐给皇帝请安，乾隆摆摆手，说了声："罢了。"

于是各按位次坐好，有太监捧了茶水伺候着，乾隆端起茶碗轻轻漱了口，吐在了漆金的漱盂里。那拉皇后自捧了一品牛奶请皇上先用，乾隆接了，倒是笑着和她说："今儿心情还不错，也不必劝餐了，你也多吃一些才是。"

那拉称是，早有令贵妃吩咐宫女为帝后捧来了羊肉丝和酒炖肉豆腐恭请圣餐，一时间东暖阁其乐融融，温言笑语不绝。

用膳完毕，乾隆吩咐办事的太监将祭神糕一品、盒子一品、包子一品、小饽饽一品、热锅一品、攒盘肉一品、菜三品，赏赐了舒妃等人。

外面天色已然大亮，帝后相随一起到寿康宫恭请皇太后出巡，第四次南巡就此拉开序幕。

于是，乾隆皇帝上奉圣母皇太后、皇后、若干后妃以及扈从人员从乾清门启銮，由大清门出了正阳门，沿着西河沿大街浩浩荡荡一路西行，北京城人头攒动皆为一睹天家风采。

这一晚，他们驻跸在黄新庄行宫准备观赏烟花。

黄新庄行宫，始建于乾隆十三年（1748 年），为历代清帝谒西陵时的驻跸之所，在今北京市房山区良乡地区黄辛庄。且不说黄新庄为了准备这一场盛世烟花花费了多少的银子，就是《红楼梦》里贾元春不过是升了个凤藻宫尚书、加封贤德妃，为了省亲过个元宵，将贾府上下折腾了个人仰马翻，银子花得淌海水似的，连罪过可惜都不知道了。何况是皇家行宫为了迎接皇太后、皇上、后宫各位主子呢?

可怜内务府属下各色人员忙了个脚不沾地，晚膳从过了午时就开始摆桌准备，什么奶酥油野鸭子、水晶丸子、火熏猪肚、象眼棋饼小馒头、粳米膳等不可一一叙说。

夜色初降，行宫各色花灯熠熠生辉，说不尽的帐舞蟠龙、帘飞绣凤，尽颂盛世太平天家恩德。真是巧夺天工，让人目眩!

待到吉时，皇帝升座和蒙古王以及额驸诸人一起观看烟火。观灯楼上，端坐了皇太后、皇后、令贵妃、舒妃、庆妃、容嫔诸位主子，每人面前摆放了元宵一品。

远远望去，但见花影缤纷，处处灯光相映成趣，看不尽的盛世风流，香色旖旎。

楼下，有舞灯队持了彩灯高唱《太平歌》，变幻着花色，却是"太平万岁""太后吉祥"等字样。

皇太后笑着说道:"也真难为了这些孩子。"一面吩咐人看赏，不外乎是一些酒肉、果子等吃食罢了。

那拉皇后朝不远处的管事太监点点头，低声安排给楼下那些杂耍的赏赐一些散碎银两，只说是太后给的便是。

自然，舞灯完毕后的孩子们领了赏赐前来谢恩，山呼太后千岁、千岁、千千岁!

霹雳一声，爆竹声自远而近响起，自远而近竟似银蛇入空，忽上忽下翻腾不止，怒放在漆黑的夜空之中，似乎一生的璀璨都在于此。

观灯台上，每个人都兴奋地仰直了脖子，欣赏着这粉身碎骨的奢华。烟花之美，或许就在于自身最绚丽的光华与黑夜最极致的对撞！

一声震得人方恐，回首相看已化灰！

命运的可怕之处在于，岁月的河流以平静无波的态度缓缓流淌，漫不经心地将我们裹挟向不可知的未来。一切，身不由己。

而世间凡俗，即便是皇家至贵，都必须一步一步地向前走，以最勇敢的姿态。

离开了黄新庄行宫，南巡人员一路车马劳顿，朝着直隶、山东、安徽方向而来。按照旧例，皇帝所到之处，都程度不等地免去了些税赋；对于收成不佳或者受灾的地区，还要拨付救灾钱粮。

到了济南，自然是绕城而过。不为其他，只因承受不起那痛彻心扉的丧妻之痛。看来，即便高贵如皇帝，他也有不堪回首的过往，不堪忍受的回忆。

即便是这样，他还是为她（孝贤皇后）写下了一首思念的诗，曰《四依皇祖南巡过济南韵》：

> 四度济南不入城，恐防一入百悲生。
> 春三月莫分偏剧，十七年过恨未平。
> 排遣闲情历村野，殷勤政务祝宁盈。
> 明朝便近芳山驻，秀色宁看云表横。

却原来，这些年他一直爱她如斯，孝贤的名字已经深深刻入了他的骨髓！而那拉一直都知道，这 15 年来她虽贵为中宫皇后，却如同一只缓缓而行的蜗牛一样沉重不堪，可是没有谁能够体会她的不堪与无奈。还好，身为深宫里的女人，深知所谓的爱情，只是一个可望而不可即的奢侈品。

至少，他待她还好。至少，多少的后宫女人也这样过来了。

二月初十是那拉皇后的生日，这一天南巡的车驾驻跸在江苏淮安县的陈家庄行宫。尽管由于出行不便，皇帝下令停止行礼筵宴。但是家宴庆祝还是有的，从皇太后到皇帝都表态要让皇后好好过个千秋节。

这一日，帝后同堂，赏赐有加，"备极欢洽"！皇帝甚至还给扈从的王公大臣和江南的大小官员赏赐了饮食。

当晚，帝后同榻而眠。淡淡的月亮光洒在了床头，恍惚间，那拉想起了 40 岁生日的时候，皇帝赏赐了很多礼物，其中有一尊水晶观音，让她欢喜异常。

乾隆知道那拉氏喜好佛道，不争不妒，性情随和。

所谓的娴雅，所谓的性情安宁，其实是用后宫女人一生的忍耐与煎熬换来的。只是，老都老了，有些事情也就不计较了吧。

随着月亮光的渐渐移走，房间里响起了平和的呼吸声。

过完了生日，命运之船继续向前游走，渐渐出了江苏。闰二月初七日，御驾到达杭州，会见了地方官员；初八日举行阅兵仪式，初九日至观潮楼检阅福建水师。

截至目前，一切都很正常，出现在公众面前的是帝国的一对恩爱夫妻，堪为表率。

那拉皇后的命运定格在闰二月十八日，杭州西湖蕉石鸣琴处。那天早上，其乐融融的家庭氛围中，乾隆皇帝为皇后、令贵妃、庆妃、容嫔御赐了膳品。

暴风雨即将来临的时刻，一点异样之处都没有。

然而就在这一天晚上，皇后的名字已然从膳档中消失，有资格享受御赐膳食的，仅仅是令贵妃、庆妃以及容嫔了，身为六宫之主的那拉皇后莫名其妙地从公众视野中消失了。

第三十八章　废后风波

据《上谕档》资料显示，闰二月十八日这一天御前侍卫福隆安接到了上谕："旨派福隆安扈从皇后现行进京，所有沿途需用马匹纤兵务须足额预备，如一时河兵应用不及，即慎选民夫协同河兵牵挽。"

如此仓促行事，可见一定是发生了紧急的事情！

这福隆安乃是大学士傅恒之子，更是和硕公主的额驸，皇帝派他想来一则是放心体己人，二则还在维护大清皇室外在的形象。至少，在目前他不想让外人猜测皇家起了纠纷。

福隆安奉旨扈从皇后一行从水路先行启程后，乾隆看似轻松地陪着皇太后和一干官员们继续巡视，实际上还在监视着皇后的动向，直到接到一封密报后才松了一口气。于是，途中的福隆安接到了乾隆皇帝的一道旨意。

这是一封出自寄信档的资料，时间是乾隆三十年（1765 年）

闰二月二十一日，内容如下：

《寄谕御前侍卫福隆安著扈从皇后前行不必过快事》

著寄谕福隆安。派伊扈从皇后，护送启程时，曾令日行二站。今据安泰返回所奏看得，途次行进尚好，全然无事。既然如此，前往彼处何需过急。倘若过快，地方官员不及筹备，且当差纤夫等人必怨辛苦。应估计路途远近，酌情行进，无需过急。随后，朕降阿哥之旨发伊处。著将此传谕福隆安知之。钦此。

帝后之间起了怎样的风波，那拉皇后又是怎样的过激表现让乾隆担心途中生变呢？不过从此番上逾看，似乎有雨过天晴事态变缓的趋势，也不必日行二站了，而且还有让地方官员充足准备给足皇后脸面的意思。

而且从"朕降阿哥之旨"之语判断，或许乾隆还有打算让皇十二子永璂写信劝导皇后，将一场事变大事化小，着眼于普通家庭内部矛盾解决？

当然，这属于猜测。不过从此段时间乾隆对待那拉母族的态度上看，似乎有这个趋势。

就在这一年三月，那拉皇后的侄儿讷苏肯和绰克托、伍岱等人率领着一批官兵、马匹、粮饷武器等从伊犁到了雅尔。乾隆看到奏表后于三月二十三将讷苏肯等三人一起交部议叙。

所谓议叙，按照清制对工作考核成绩优秀的官员，交部核议后，奏请给予加级、奖赏的官方行为。

此时，乾隆的表现哪里像是要废后的样子？换句话说，继后此时应当还没有做出剪发的举动，帝后的关系还未走入绝境。

巨变当在回宫之后。

关于继后的回宫时间，清朝官服记载是在闰二月十八日，按照皇帝旨意照常享受皇后待遇，"侍候膳太监 5 名，厨师 2 名，西暖阁膳房当差太监 3 名"。

但是山东巡抚崔应阶在三月初五这一天，刚刚恭送皇后御舟过了八闸，并且向皇帝上报了奏章。而且军机处的登记档以及福隆安本人的满文副奏折上，都可以证明三月份的时候皇后还在返程中。

另外还有一道来自寄信档的资料，时间是乾隆三十年（1765年）三月二十三日，内容是《寄谕御前侍卫福隆安务必于入京前在途等候英廉传旨》，是否和继后有关，各位读者可以自行判断，内容如下：

> 著寄谕福隆安，兹令英廉于二十三日，由顺河集
> 启程追赶伊，有谕旨。福隆安奉此旨后，不过行一二
> （原档空缺）英廉即可追上；或酌情择一处暂宿，务于
> 入京城前，等候英廉前去传旨再往。钦此。

结合山东巡抚三月初五的奏章以及乾隆回京的时间，笔者认为这很有可能是继后真正回宫的时间。如果是这样，乾隆的态度竟是如临大敌了。

其实，继后是什么时间回宫的已经不重要了，两份不同时间的档案应当是帝后关系在慢慢走向彻底破裂时留下的痕迹。皇帝有意缓和，而皇后不愿意——但是她为什么不愿意呢？从那拉皇后返京途中相对平静的表现看，似乎也不像是步入绝境了。真正的冲突，应当是皇帝回宫之后，她好像已经绝望了。

四月二十日，皇帝及嫔妃回宫。

四月二十六日，贵妃内廷主位前往畅春园恭请皇太后安，而皇后没有出现。

可以预见，皇帝和皇后在此期间见过面，就一些问题谈了谈，但是谈崩了，而且很坏！

如果继后愤而断去了满头青丝，当在这个时间段。当然这仅仅是推测，但是确定无误的是，皇帝准备废后了，而且放到了朝政上。

皇帝想要废后并非小事情，他并非像普通家庭一般仅仅是一个家庭的分裂，世人议论几句也就罢了。大清帝国帝王家庭和谐与否，某种程度上代表着国家形象以及国运的兴衰，甚至可以改变皇位继承的格局。

因此乾隆此言一出可以说是一石激起千层浪，引起轩然大波。况且，他想要废后甚至都没有给出说得过去的理由，只是含含糊糊的"病废。"

所谓文死谏，武战死，哪个朝代都少不了有脊梁的忠臣。在乾隆朝，在废后这件事情上第一个站出来的人叫作阿永阿，是一名刑部侍郎，而且和乾隆存在某种宗戚关系。此人写得一手好文章，别人是下笔如有神，他是握笔堪作刀，秋审定册但见寒光闪闪，曾说：此可谓笔尖儿立扫千人命也！

就是这样一个有钢骨的人，眼看得皇帝我行我素不顾忌千秋声誉强行废后，就想秉直上谏，但是因为家中还有个老母亲，很是为难。而他的母亲也猜透了儿子的心思，就和儿子说了："汝为天家贵胄，今欲进谏，乃以亲老之故以违汝忠荩之志耶？可舍我以伸其志也。"

如此大义凛然之言，让阿永阿热泪盈眶，如同荆轲一般风萧萧兮易水寒，壮士一去兮不复回的心情，和母亲好酒好菜吃了"最后的晚餐"之后，一腔豪气给乾隆上疏去了。

乾隆看到奏折后，气不打一处来，指着阿永阿的鼻子骂道："阿某宗戚近臣，乃敢蹈汉人恶习，以博一己之名耶！"

用现在的话来说，皇帝的意思是：你阿某好歹和我是一家人（宗室亲戚），我这么重用你，关键时候居然胳膊肘向外拐，学习汉人玩起沽名钓誉的勾当来了，真是是可忍孰不可忍！

于是阿永阿倒霉了，怒气冲天的乾隆皇帝要将其革职发配到伊犁。

但是这件事情还没有完，紧接着礼部尚书、协办大学士陈宏谋说话了，这个人比较圆滑，他是这样说的：此若于臣宅室中，亦无可奈何事——这事情要是放到我身上，我也没有办法。

据此分析，当时大家私下都明白了皇后断发的事情，但是没有公开放到桌面上。

然后兵部尚书托庸跟着表态："帝后即臣等之父母，父母失和，为人子者何忍于其中辨是非也？"

可见，这两位尚书乃是见风使舵之徒。但是有人看不下去了，想要为阿永阿求情。

此人名叫钱汝诚，是江南老名士钱陈群的独生儿子，时任户部侍郎，另外还兼着刑部侍郎。钱陈群，咱们之前谈到过，和乾隆是忘年交、诗友。

这钱汝诚大着胆子说话了：阿永阿有母在堂，尽忠不能尽孝也——言外之意，阿永阿有老母在堂，皇上您就饶过这一遭，让他在家中尽孝吧。

对此，乾隆回复道：钱陈群现在老病在家，你这个独生儿子怎么不赶紧回家尽孝？

皇帝金口玉言，话说到这个地步，钱汝诚唯有叩头谢恩矣！乾隆和群臣斗智斗勇，试图废后这一天是五月初二，五月初三时，钱汝诚"疏请终养"，回江南去了。还是这一天，一位名叫四达的臣子接替阿永阿接任了刑部尚书一职。

这些在《清史稿·部院大臣年表》《清史列传》，都有不同程度的记载。

但是经过此番交锋，乾隆也比较忌惮舆论的力量，采取了这种的办法处理此事。那就是，不废而废！

表面上，那拉氏还是皇后，实际上后宫已经另外换了主人了。

五月初九，乾隆谕旨晋令贵妃为皇贵妃。

五月初十，谕旨收回皇后宝册，包括皇后一份，皇贵妃一份，娴贵妃一份，娴妃一份。

第三十九章　幽死冷宫

外边的风雨如何，被幽囚在翊坤宫的皇后已经感受不到了，脚下成卷成团的青丝缠绕着、蜷曲着，如同一丛丛没有生命的水藻，陪着她在幽暗的水底浮沉。

今夕何夕，她不知道。

当时间停止，时间在哪里？当意念停止，心又在哪里？

然而，她的一颗心已经死了。

那拉只记得，当她手握剪刀一缕一缕剪断青丝的时候，他的脸是煞白的，恨恨地咬紧了牙关，半天吐出一句话："你疯了么？"

听得此言，她忽然狂笑不止，笑得眼睛里涌出泪花……好半天，她才想起来回了一句：是的，我疯了。

之后，又是笑，笑得天昏地暗、风云变色，笑得那九霄之上的真龙天子勃然大怒，转身出了翊坤宫重重摔上了房门。只听他对外面的太监宫女一字一顿说道："皇后病了，尔等小心守护，小心脑袋！"

听得门外的脚步声走远，她终于呜呜咽咽哭了起来。开弓没有回头箭，她知道自己回不去了，即便面前是一道无底的深渊，也得跳下去。

待得她不哭了，平日里贴身的大宫女大着胆子走上前来，小声说道："皇后，你这是何苦？"

她想了想，还是闭了嘴：自己千难万难，真要是将理由说出了口，在别人听来却是最不值当。

所以，不说也罢。

他以为，她会回头；她以为，他会回头。

结果却是两不相让。

过了几日，身边的宫女说，令贵妃晋升为令皇贵妃了。那拉听了后，脸上却是平静无波：是了，这原是应该的，后宫需要一个女主人。

然而，皇帝却不肯明着宣布给令皇贵妃摄六宫事的权利，以她素常小心谨慎的风格，皇帝也不信任。只怕，从此他是谁也不会信了，后宫之中有个主事者就好。但是，任她是谁，也休想管着了他。

这后宫所有的女子，这世间所有的女子，皇后也好，皇贵妃也好，贵妃、常在，都好，在他的心里原本没有什么区别。

无物结同心，烟花不堪剪。她早该知道的。

混混沌沌中，又过了几日，皇帝下了谕旨，便有人来收了她在皇宫所有的辉煌与荣光：皇后宝册一份，皇贵妃一份，娴贵妃一份，娴妃一份。

随着内务府那干奴才们凌乱的脚步声离去，她又忍不住笑了起来。在他们的心目中，自己果然是个疯子罢！

拨付的份例减了，侍候的太监、宫女们裁撤了，也就剩下两个粗使丫头罢了，还整天恶声恶气的——她现在只怕是连这宫里最低等的常在都不如。

那拉氏露出了一丝苦笑。

翊坤宫外风声呼啸，先是暖的、热的，让人透不过气来；接着便是黄叶飘零，偶尔传来沙沙的扫地声……不知何时，身边的两个宫女穿上棉袍了，从她们头上尚且没有消融的雪花来看，当是今年冬天的第一场雪。

然而，火盆里的炭却是黑乎乎的，将熄未熄的样子。看样子，这取暖用的炭也是减下来了，哪里经得起红艳艳、活泼泼地燃？

原来，他一心想要她速死。

泪眼朦胧中，那拉氏仿佛又回到了未嫁时，那时，自己是那么豁达，心里求的只是父母家人安好，一生平安。现在呢？什么时候与初心背道而驰，落了个这样的结局。

几案上的水晶观音看起来有点冷，风霜满身的样子……那拉氏的眼角沁出了两滴眼泪，干枯的双手垂了下来……所有的人都以为她会死，一定熬不过这个冬季。

然而，竟然没有，她还活着，过了这个冬天，再过一个春天，一个夏天……

乾隆三十一年（1766年），七月十四日未时，无声无息中，皇后那拉氏终于闭上了眼睛。

当消息传来的时候，乾隆正在木兰秋狩，只见他面不改色，照常弯弓射箭。然后，一头鹿应声倒地。

乾隆扭回头看看身后的皇十二子永璂，淡淡说了一句："回去吧，为你的母亲穿孝守灵去吧。"

乾隆，究竟是怎样的一个人？他可以让自己儿子去为自己最恨的那个人守灵，尽到人子之孝，而他恨起一个人来却是那么决绝！

既然那拉氏皇后的位号尚在，其丧事就应该按例办理。俗话说人死为大，无论生前有多少恩怨，黄土一抔掩埋了事，百年之后没有大的把柄在手，后人谁还会在乎那些是是非非。

可是乾隆并不那样想，对于那拉氏他似乎是睚眦必报。他在谕旨中写道："据留京办事王大臣奏，皇后于本月十四日未时薨逝。皇后自册立以来，尚无失德。去年春，朕奉皇太后巡幸江浙，正承欢洽庆之时，皇后性忽改常，于皇太后面前不能恪尽孝道。此至杭州，则举动尤乖正理，迹类疯迷，因令先程回京，在京调摄。经今一载余，病逝日剧，遂尔奄逝。此乃皇后福分浅薄，不能仰承圣母慈眷，长受朕恩礼所致……若论其行事乖违，即予以废黜，亦理所当然，朕仍存其名号，已为格外优容。"

至少，这位高高在上的皇帝承认，那拉氏自从做他的皇后以来，还算称职，并没有失德的地方。这一次，那拉氏只是疯了，疯了的皇后不能在皇太后面前恪尽孝道。这便是皇后所有的过错，然而她为什么突然发疯，他守口如瓶。

《清史稿》有"三十年，从上南巡，至杭州，忤上旨，后剪发"之语。可见其中的因果关系，皇帝的旨意在先，皇后不能接受，才会有后来的所谓忤逆、剪发等行为。

那么，乾隆发布了什么样的旨意引起皇后这样大的反抗呢？

皇帝不说，皇后至死也没机会说。有意无意，他们共同保守了一个秘密。

不过，我们要承认乾隆此举显然是要将大清帝国帝王家庭的矛盾公布于世，让人评论了。然而，究竟是犹抱琵琶半遮面，看似冠冕堂皇的表面也是用皇帝的强权来撑着这道缺少了筋骨的诏书。

旷野的风哗啦啦地吹着，乾隆率领着一众文武大臣在木兰围场纵情奔驰着，如同一群原始森林中拼命奔走的野兽——

哼！她死了，他才不在乎呢。这个世界从来没有一个人让他这么恨！然而，这个人曾经是他的皇后啊！

第四十章　身后凄凉

在乾隆那道谕旨中同时下令，那拉皇后的丧仪典礼不但不能够依循孝贤皇后的旧例来办，而且要下降一级按照皇贵妃的标准交付内务府来办理。

关于这道指示，我们一个个来解，先说孝贤皇后的葬礼。自从乾隆十三年（1748 年）三月孝贤皇后在东巡期间薨逝后，乾隆悲痛过度，马上让手下的管事大臣布告天下，咸使闻之。之后，乾隆亲扶皇后梓宫回京，皇长子永璜率领王公大臣通州芦殿会集，皇子祭酒，举哀行礼——

大家应该还记得，可怜的皇长子就是在此因为面无哀色，不够悲伤，让皇帝龙颜大怒秋后算账的，且白白丢了一条命。

梓宫将至，文武百官全身着素跪在朝阳门外；而公主以及和亲王等近支王府福晋们则齐集储秀宫，诸王福晋、命妇们集合在了东华门外，全部服丧跪迎。

奉安长寿宫后，皇帝亲临服丧，辍朝不视，停止办公；文武百官摘冠缨齐集会所哭灵，举哀三日。外省的文武官员们和京官相同，服丧 27 天，百日不得剃发——

我们在前面章节曾经描述过，锦州知府金文醇、江南河道总督周学健、湖广总督塞楞额等众多官员，因为在百日内剃发惨遭自尽、革职的系列事件。由此可见，乾隆在对待孝贤皇后的丧礼上，掺杂了多少的个人情绪。

另外关于谥号，这是上至皇帝、下至命官身故后，朝廷根据本人一生功过给予的最终评价，可以说是盖棺定论。大家知道孝贤皇后的谥号是自己生前请来的，像这样的情况除非对此绝对的把握，平常人轻易不敢如此。

比如乾隆朝官至大理寺卿的尹嘉铨就突发奇想，给乾隆上奏给父亲尹会一请谥，御笔朱批："与谥乃国家定典，岂可妄求？此奏本当交部治罪，念汝为父私情，姑免之。若再不安分家居，汝罪不可逭矣！"

可惜此君竟不识趣，一事不成又生一事，又上了一道奏折，异想天开想要皇帝将其父从文庙。乾隆看后龙颜大怒，怒写"竟大肆狂吠，不可恕矣！"之后尹嘉铨就被罗织罪名且掉了脑袋。

孝贤幸运的是，她得到的是皇帝至深的爱，自她走后，乾隆将对她的每一分感情都用诗的方式记录下来，其中有 100 多首被刻录在了匾额之上，供奉于隆恩殿中。可谓死后哀荣，无人可比！

情深如此，孝贤的祭享自然也要丰厚。除了清明、中元、冬至、岁暮以及祭辰这五大祭，另外还有朔、望 24 小祭。

隆恩至此，乾隆为免旁人私下议论，曾发表了一通，"盖皇后自有皇后之礼制，不以夫妻私情为之增损"的言论。

然而18年后，对那拉皇后的丧仪乾隆却极尽贬损，先是他交代将本该是礼部承办的皇后丧事交给内务府来办，就是将皇后薨逝的国丧转变为了家丧，隐含的意思就是不再将那拉视为皇后。

即便如上谕中所言，降一等依照皇贵妃来办理，只怕也是担心了天下人议论。前有雍正朝的敦肃皇贵妃年氏一例，亦是隆重无比：不但皇帝本人辍朝五日，所出的皇子要摘冠缨、截发辫、穿孝服二十七日，百日后才允许剃头；就连宗室大臣们都要在五日内穿素服，刚走的第一天，四品官之上的王公大臣们全部都要在一天中的早、中、晚三次灵前祭奠、行礼。

反观那拉氏，贵为皇后之尊，身故后却没有一人前来举哀祭奠，灵前陪伴她的只有独子永璂，可谓凄凉至极！不但如此，由于乾隆交代四时无享祭，所以她的供桌上连一副祭品、一双筷子都没有——据说，永璂曾经冒着皇帝父亲天颜大怒的危险，恳求给他的额娘放上一双筷子。只是不知，乾隆答应了没有。

如果那拉氏地下有知，该是最大的安慰了。虽然她当初"疯狂"的举动，毁掉了永璂的所有。可是，他没有出于世俗的功利去恨她，反而尽微薄的可能守护亡母的灵魂。

也许，千错万错，无论当时发生了怎样不可接受的事情，那拉氏都不该采用如此极端的手段去挑战一个至尊君主的尊严，即便是贵如皇后，无论何时都要恪守底线。

试问，你有什么权力断发？如此极端，让一个皇帝的脸往哪里放？无发国母，你让皇帝如何自处？

所以，即便曾经有过千般好，就在断发的那一刻，所有的好都没有了，留下的就只有恨，切齿的恨！

所以，薨逝的那拉皇后是没有谥号的。如此没名没分，在相对迷信的那个时代，死后的那拉氏就如同一缕游魂无家可归了，真可以算得上严酷的惩罚和诅咒。

按照《大清会典》，皇贵妃的金棺应当用金丝楠木来制作，然而内务府准备的只有低劣的杉木；出殡抬棺的杠夫本该是96人，可是为那拉皇后抬棺的只有64名，而这只是一个普通贵人的等级，那帮奴才们胆敢违抗上谕，显然是得到皇帝默许的。

另外，那拉皇后丧事所用银两仅仅是207两，和正经的皇后丧仪比起来，还没有焚化纸锞使用的银两多。

还记得，乾隆十七年（1752年）皇帝带着那拉皇后、嘉贵妃以及和敬公主等人进入裕陵地宫阅视。那时，很多都明白了继后以及嘉贵妃以后必定是陪伴皇帝进入地宫的；至于和敬公主，皇帝当然要让孝贤唯一的女儿进去看一看她母亲的"新家"。

只是现在，物是人非，恨到极点的乾隆怎么会让她再与自己百年之后合葬！甚至于，他连为她单独修建陵寝的耐心都没有，草草地葬在已逝的纯慧妃陵墓东侧了事。

这才是真实的乾隆，爱得浓烈，恨得刻骨！

第四十一章　忠勇之士

　　对于那拉氏的遭遇，朝野之中有很对人为此鸣不平，前者有刑部侍郎阿永阿、礼部尚书陈宏谋为此丢了乌纱帽，乃至发配边疆。在如此大的威胁下仍然有人秉笔直书，这个人就是御史李玉鸣。

　　御史，是一种带有监察性质的官职，也就是言官。说起古代著名的言官，估计很多人会想起唐代著名的魏征，唐太宗曾经说过一句话："以铜为镜，可以正衣冠，以史为镜，可以知兴替，以人为镜，可以明是非。魏征一死，我失去了一面镜子。"

　　坐在御史这个位置上的李玉鸣认为皇帝让内务府承办皇后的丧仪是不妥的，而且内务府在接旨后明显没有按照所谓的皇贵妃标准来办。于是他立即上了一道奏章，按照《大清会典》所载皇后、皇贵妃理应享受的待遇标准，弹劾内务府抗旨不遵。并且提出那拉氏的丧仪应该改由礼部办理，并且公告天下。

在李御史看来，核查纠错本就是自己的分内事，皇后即便是减一等也应该是国丧，由礼部给予应有的待遇。

乾隆看到奏折后勃然大怒，在谕旨中大骂李玉鸣"丧心病狂、巧为援引"。问题是御史大人参奏错了吗？显然是没有！乾隆对此也心知肚明，所以在那道处分李玉鸣的上谕中明显带了个人情绪，说什么"去岁皇后一事天下人所共知共闻……今病久奄逝仍存其名号照皇贵妃丧仪交内务府办理已属朕格外优恩……其意不过以仿照皇贵妃之例，犹以为未足，而又不敢明言，故为隐跃其辞，妄行渎扰。"

本来乾隆打算，事关宫闱，在他不打算说出真相的情况下将那拉氏的葬礼低调处理了事。然而这李玉鸣偏偏不依不饶，捅了这么大的娄子。对于御史的折子皇帝又不能置之不理，照办更不愿意，但是要想处理他必须向大家做出一番交代。

怎么交代？所以他只好恼怒地说"天下人所共知共闻"，在去岁皇后出事的时候，官方并没有和任何人说明过原因，这等于从某种程度皇帝默认了民间的若干传闻。

结果是显而易见的，御史大人被革职拿下，戴铁锁九条被发配到伊犁去了。

对于继后的同情者，乾隆相当愤怒，接连两次重判朝中重臣，便存了相当严重的警示意味在内。下达了处分发配李玉鸣的诏书后，他还是怒气未消，又给侍卫德宝秘传了一道上谕，其中写道："监察御史李玉鸣，为皇后之事应照皇贵妃例办理以及未召集大臣官员颁宣等事，妄行具奏。是以朕命将伊革职，带铁锁九条发遣伊犁，派出侍卫德宝好生押解，乘驿解往伊犁。将此著寄谕德宝，奉到此旨，俟留京办事王大臣等将李玉鸣押至，令其阅看朕前降谕旨后，即解李玉鸣启程。此行途次，若有看望送物品之人，著德宝俱留意记牢，返回后奏明。伊至伊犁后，著降旨明瑞等，李玉鸣肆意具奏，情属可恶，将阿永阿带至，眼同重责一百板，毙命则毙命罢。李玉鸣责后，将阿永阿亦责一百板。明瑞等若沽名稍事姑容，小心脑袋。此旨给伊等阅看后，令德宝赍回缴还。钦此。"

这道上谕含了几层意思，先是吩咐侍卫和留京办事王大臣等人奉旨将李玉鸣押解启程；其次，也是比较重要的一点，途中要是有人看望送物品，一定要德宝当好探子，回京后禀明——皇帝恐怕要秋后算账了！

最后一层就是，到了伊犁之后，要手下那干奴才们将那个本家宗亲阿永阿拉来，当着他的面狠狠打上李玉鸣打上 100 大板，杀鸡骇猴。

从这道上谕的意思看，乾隆竟是恨不得立即要了这帮人的脑袋，人死了，就再也没人会说话了。然而，天下的悠悠之口又怎是用强权可以封死的？

过了几天，乾隆自己也觉得此举不太妥当，100 板子下去只怕文弱的李玉鸣真要命丧伊犁了。于是他又给德宝发了一道上谕，将李玉鸣的 100 大板改为 40 大板，而阿永阿大概是因为身体比较强壮的缘故，被打了 80 大板。在这道上谕中，乾隆还念念不忘让德宝将解送李玉鸣途中"何人曾经探视、有何言谈、有无送物之处"秘密上报。

从此，这两位忠勇之士便在伊犁的苦寒之地凄惨度过余生了。

话说以上几位都是高居庙堂之人，虽说说了点皇帝不爱听的话遭到了残酷打压，但好歹食君之禄忠君之事，他们的所作所为自有一套人生准则在里面，也算是虽死不悔。

然而没过几年，有个名叫金从善的秀才，他的父亲当过知县，他也多少学了一点孔孟之礼，又身处低级官宦家庭，这让他有机会得知官场人士对于帝后失和的评价；同时呢，他又在茶余饭后有机会听到民间对这件事情的议论。于是他就一腔热血上涌，凭着自己的理解想要向皇上进言，以表一片忠君爱国之心。

乾隆四十三年（1778 年）九月的一天，乾隆皇帝东巡祭祖返回到锦县的时候，金秀才在御道上拦了皇帝的驾，提出了建储、立后、纳谏、施德四项建议。

引人错愕的是，他在立后这件事情上直接提出，要乾隆皇帝为废后的事情下一道罪己诏——这可真应了古话说的，初生牛犊不怕虎！

乾隆气怒之余道，"孝贤皇后崩逝时，因那拉氏本系朕青宫时皇考所赐之侧室福晋，位次相当，遂奏闻圣母皇太后，册为皇贵妃，摄六宫事。又越三年，乃册立为后。其后自获过愆，朕仍优容如故。乃至自行翦发，则国俗所最忌者，而彼竟悍然不顾。"

至此，他才算是将那拉氏获罪的原因公告天下，那就是自行剪发触犯国俗。但是，那拉氏出身满洲贵族家庭，16 岁被选入宫，难道她会不知什么该做、什么不该做吗？

但是这个原因，乾隆不肯多说。

在这道谕旨中，乾隆气愤得近乎咆哮，"朕处此事，实为仁至义尽。且其立也，循序而进，并非以爱选色升；及其后自蹈非理，更非因色衰爱弛。况自此不复继立皇后。朕心事光明正大如此，洵可上对天祖，下对臣民。天下后世，又何从訾议乎！该逆犯乃欲朕下罪已之诏。朕有何罪而当下诏自责乎！"

　　该说的，乾隆都说了。如果说，这个世界上有人让他爱得刻骨铭心，这个人就是孝贤皇后；如果说，这个世界上有人让他恨得咬牙切齿，这个人就是那拉皇后。如此伤筋动骨，只怕到死都忘不了！

　　关于金从善，乾隆御笔一挥，就被斩决于世了。然而千秋功过世人评说，恐怕也不是他能阻挡的。

　　有资料说，御史李玉鸣死于伊犁后，被朝廷封为了"忠臣御史"。

第四十二章　令妃荣升

现在我们将目光再次转移到令妃身上，自从那拉皇后断发忤逆后，她就被封为令皇贵妃，成为这一事件的最大受益人。

也有部分学者从后来事实的形成，推断乾隆母子可能是在第四次南巡期间打算破除后宫中皇后、皇贵妃不并存的传统，要立令贵妃为皇贵妃，从而引起那拉皇后的抵制激起了这场极其严重的宫廷事件。

事实上，令妃的确是那拉氏在后宫中潜在的最大对手，体现一个后妃是否得宠，最大的证据就是生育儿女的情况。从这一角度看，乾隆二十三年（1758 年）就结束了皇后那拉氏、令贵妃魏氏、忻贵妃戴佳氏三人平分秋色的局面，演变成了令贵妃一方势大：

那拉氏就是在乾隆十七年（1752 年）、乾隆十八年（1753 年）、乾隆二十年（1755 年）分别生下皇十二子永璂、皇五女以及皇十三子永璟后再无生育，而且三个孩子有两个幼年夭折，只剩下皇十二子永璂一人。

而令贵妃自从在乾隆二十一年（1756年）开始生育固伦和静公主之后，愈发势不可挡；乾隆二十二年（1757年），皇十四子永璐出生；乾隆二十三年（1758年），皇九女和硕和恪公主出生；乾隆二十五年（1760年），皇十五子永琰出生；乾隆二十七年（1762年），皇十六子出生；乾隆三十一年（1766年），皇十七子永璘出生。在令贵妃为皇帝生育的众多子女中，夭折比例又比较低，除了皇十四子、皇十六子夭折外，其他均得以成人。

忻贵妃戴佳氏就比较命苦了，连着生了两个公主都没有存活，乾隆二十九年（1764年）再次怀孕直接连自己的命都搭上了。

以令贵妃之宠，她有没有觊觎过皇后之位谁也说不好。而争宠不是目的，她已经足够得宠，如果再有其他想法那就是为亲生的孩子谋出路了。这件事情要是放在之前，以她这种内务府汉军包衣出身的后妃身份想都不敢想，但是自从康熙帝之后一切都有了可能——康熙帝之母佟佳氏便是汉军包衣出身；乾隆的母亲崇庆皇太后就疑似汉姓妃子。

令贵妃有没有想过，我们谁也不知道，但是内务府那帮人未必不想。如果魏氏能够成功上位，那么她的孩子就有很大的可能成为下一任清王朝的领导者，而一旦那拉氏的儿子永璂日后登上帝位，代表的则是满洲贵族的胜利，那么内务府这些管家们就会受到很大的制约，这并不是他们想要的结果。

事实上，这么多年来乾隆的后宫贵族出身的嫔妃明显占了弱势。尽管这里面有很大一部分皇帝自身的喜好问题，但是内务府在其中没少推波助澜，那些多多少少说不上名堂的妃妾们，除了内务府通过各种渠道引进，这种事情谁又能瞒天过海躲过皇帝那些"管家的耳目"塞到皇帝身边？

乾隆一生 27 个子女中，就有 12 个子女的生母是汉姓女子出身；在他能够长大成人的孩子们中，只有 2 子 1 女的生母是满蒙贵族。这两个儿子中其中一个就是那拉皇后生的皇十二子永璂，另一个是愉贵妃生的皇五子永琪，而那个女儿则是孝贤皇后之女固伦和敬公主。

乾隆三十年（1765 年）第四次南巡的时候，皇十二子永璂满 14 岁，以当时的情况基本可以结婚成家了；而令贵妃的最大的儿子永琰，也就是后来的嘉庆帝只有 5 岁，此时根本看不出什么，除了另辟捷径，似乎没有和前者竞争的可能。

不过从那几年的情况看，乾隆似乎更看好皇五子永琪，可惜天不遂人愿！乾隆三十年（1765 年）那拉皇后出事，连带着儿子永璂遭殃；之后五阿哥永琪也不幸英年早逝了，真是可叹！

那么当时皇帝御舟上到底发生了什么呢？按照档案记载，事发的时候令贵妃、容妃等人就在现场，最起码她们都是事件的目击者。乾隆当时有没有提出晋封令贵妃魏氏为皇贵妃，谁也不知道。

但不管怎么说，皇后倒台了，令皇贵妃上位了。就像老百姓常说的，东家不倒西家不好，也是稀松平常事。若是发生在民间普通人家，那就是这户人家的不幸；若是发生在皇帝之家，那就影响大了，关系到皇位的传承以及社稷安危。

有些事情在没有直接证据的情况下只能是推测，但是可以肯定的是，自此之后内务府包衣们的权利更加强势了。

第四十三章　祸延永璂

这样一场变故的发生，将曾经最显赫的"嫡子"永璂搁到了最尴尬的境地，如果说令妃是皇后断发事件的最大受益者，那么他就是最大的受害者。

乾隆有着浓厚的立嫡情节，偏偏孝贤皇后所出的两位皇子接连早逝。在这样的情况下，永璂的诞生让他欣喜异常，甚至写诗庆贺，这样的情绪是其他皇子出生时所没有的。可以说，永璂的出身决定了他有着锦绣前程，有着其他皇子所不具备的优先条件。

关于永璂的资料实在太少，从目前流传于世的几首诗作来看，当是一个颇有才华的人，现抄录几首以供读者诸君欣赏。

古风

题十一兄渔隐图（清·永瑆）

江湖有散人，雅尚凌仙峤。

青笠绿蓑衣，泛宅逐蓬蘽。

扁舟澹容与，鹭鸥作同调。

长物唯缗竿，至足在渔钓。

白云从空流，眠月仰天笑。

目极宇宙宽，浩荡无遗眺。

朱门多纷营，缨缚苦纠绕。

而此独逍遥，忘机自舒啸。

咄彼抗尘容，翘心束帛召。

　　这首诗是永瑆为十一阿哥永瑆所绘《渔隐图》所提写，话说十一阿哥乃是乾隆众多儿子中最具有艺术天分的人，尤其擅长书画，其性格也很怪诞，乾隆对他很是赏识。

　　永瑆有个爱好，喜欢和兄弟们诗词唱和，以画交友。他曾经给十五阿哥永琰一把扇子，上面诗画相得、气象万千，下面落了"兄镜泉"三个字——镜泉是永瑆为自己起的别号，相当于现代一些作家的笔名。

　　但是他们的皇阿玛乾隆性格却是最矛盾的，一方面倾慕汉族儒家文化，一方面又看不起文人的名家风范。

　　在一次偶然的机会，乾隆见到了永琰手中的扇子，琢磨一通后问他"兄镜泉"是何许人也，永琰只好如实招认乃是十一阿哥永瑆。自此，永瑆便被乾隆在心底默默除名，而且严令阿哥们以后不得擅自自署字号。

"江湖有散人，雅尚凌仙峤。青笠绿蓑衣，泛宅逐蓬藋。"我们都知道言为心声，从上面这首诗中，永瑆对于哥哥永瑆名士风流的个性是真心欣赏。同时表达了他对皇室成员之间纷纷扰扰深深的厌弃心理，就像他在诗中表达的那样："朱门多纷营，撄缚苦纠绕。而此独逍遥，忘机自舒啸。"

可见，这金碧辉煌的皇宫内并不太平啊！

能够体现永瑆水准的当属这首《木兰秋夜》绝句了：

云敛长空素月圆，碧天秋色锁寒烟。

不知雁响沉何处，古塞疏灯客未眠。

对于这位聪颖的"嫡子"，乾隆未必不喜欢，但是自从雍正帝立了规矩后，帝位都是以秘密立储的方式传承，所以他究竟存了怎样的心思是不会轻易流露出来的。至少，每年秋狩的时候，乾隆都会带着永瑆随行。

除此之外，我们还得承认，乾隆曾经对在世皇子中年纪最大的五阿哥永琪表现出过极大的兴趣。但是在那拉皇后尚未出事，且永瑆表现相对不错的情况下，乾隆未必会首选永琪，后来发生的事情似乎也能说明了这一点——

乾隆三十年（1765年）五月皇后不废而废，被幽囚冷宫，同时意味着十二阿哥永瑆彻底丧失了被选为储君的可能性之后，同年的十一月，五阿哥才被封为了荣亲王。不要小看了这项荣誉，这是继皇长子永璜被追赠定安亲王之后，唯一的阿哥在世时被封。显然，乾隆已然含了政治意图在其中。

可惜啊，仅仅过了 4 个月，五阿哥也与世长辞了！命运实在太神奇，但凡乾隆看中了哪一位皇子，哪位皇子就会出事。就像乾隆后来所说的那样："以长以贤，则莫如皇长子、皇五子，亦相继病逝。设如古制之继建元良。则朕在位而国储四殒。尚复成何事体乎！"

之后很长的时间，奢华的紫禁城充满了萧瑟之气，但是最难过的恐怕是形单影只的十二阿哥永璂了，曾经是众人仰望的希望之星，一夕之间跌进了万丈深渊，成为大多数人嫌弃的对象。这样的人生巨变恐怕不是任何人都能承受的，不过他在这首《德寿寺牡丹短歌》中体现的思想也还豁达：

> 飞放泊边春不浅，德寿寺里流莺啭。
> 探花笑我马腾腾，待客无僧幡闪闪。
> 百年已是干戈靖，一宪独任光阴转。
> 洛阳姚黄不须问，且对繁英生苍藓。
> 今日看花花莫放，来日看花花莫敛。
> 花应知我非世情，与尔相看动幽感。

虽然不知是何时所作，但是有着这样开阔心胸的人，想必会比平常人看世事看得更透彻一点。

是啊，人生不过短短数十载，无论再大的干戈恩怨，百年之后都是过眼云烟。

且看永璂之风范，应该是受那拉氏影响不浅，也许我们不该以世俗的眼光去看待这件事情，无论曾经有过多少的烟云，至少对于身处漩涡中的永璂来讲，已经无所谓了。他是抱定了宗旨，淡望天际云卷云舒，物我两忘。

不过对于乾隆来说，采用什么样的态度对待这位皇子，却是件非常难办的事情。从明面上，皇后那拉氏并没有被废，那么永璂就是法理上的嫡子。然而从皇后断发的那一刻，帝后之间已经夫妻情断，她的儿子自然就没有了任何政治上的优待。

说起来乾隆还算是恩怨分明的，不管他和那拉氏的关系恶劣到什么程度，总算是没有利用强权毁伤永璂和那拉氏的母子之情。那拉氏仙去后，乾隆让永璂守孝三年，以尽到人子之情。但是在皇子该有的待遇上，他又是异常冷漠的，让永璂在有生之年当了一辈子的阿哥，永远丧失了被赐封的资格。而这样的境遇，和雍正朝被剥夺了皇族待遇、不明不白死去的弘时是一样的。

乾隆三十一年（1766 年），乾隆给永璂寻摸了一位博尔济吉特氏福晋，自己又倒贴了一份嫁妆，等到三年守孝期满后给他们办过婚事算了事。

乾隆四十一年（1776 年）正月二十八日，当大家还沉浸在新春的欢乐气氛中的时候，年仅 25 岁的永璂去了。

乾隆有生之年，没有给过这位无辜的儿子任何封号、追谥等皇子该有的待遇，甚至连他的丧事都是极其简陋的，修建在朱华山的园寝规制渺小，和旁边的端慧皇太子陵寝天差地别。

乾隆这样薄待于他——或许当初，帝后夫妻失和的时候，乾隆曾经寄希望于永璂在中间能够劝劝他的母亲回心转意。

　　而且当初乾隆下令福隆安扈从皇后回京的途中，也确实说过要降阿哥之旨的话语。然而却毫无效果，也许是当时的那拉氏已经彻底打定主意，也许是以永璂之性格并没有意识到这件事情的严重性。总之，事件最终朝着最坏的方向发展。

　　但是这些都已经不重要了，也许在另一个世界，他们得到了彻底的超脱，永恒的宁静。

第四十四章　母族受累

　　废后那拉氏所掀起的这场大波，不单单祸及了十二阿哥永璂，她的母族当然也受到了牵累。讷苏肯，那拉氏的侄儿，他的境遇也是一言难尽。

　　乾隆十三年（1748 年）七月，讷苏肯是乾清门行走三等侍卫，他和刑部尚书达勒当阿都被赐与了一套官房——应当是其姑姑那拉氏晋封为皇贵妃，摄六宫事的时候，乾隆给予外戚家的恩赏。

　　康熙当政的时候，从满蒙亲贵或者自己比较信赖的侍卫中选拔了一部分英才，成立了御前大臣、御前侍卫和乾清门侍卫这些职务，自成体系负责皇帝的安全；御前侍卫和乾清门侍卫由御前大臣直接领导，除此之外不受制于任何部门、人员指挥。

　　讷苏肯的乾清门行走三等侍卫，相当于见习期的乾清门侍卫，正五品。当初孝贤皇后的弟弟傅恒，还是一名正六品的蓝翎侍卫起家；而"大名鼎鼎"的和珅，初次受到乾隆赏识的时候，被授予的也是个三等侍卫，三年后擢升了乾清门御前侍卫，兼了副都统。可见，这是一个相当具有政治前途的起点。

其实这么多年，一则出于外戚的荣光，二则他自己也肯努力，讷苏肯的仕途可以说是一帆风顺。平定大小和卓叛乱后，很快奉皇差成了乌鲁木齐办事大臣，乾隆二十八年（1763 年）五月，又被任命为正红旗蒙古副都统。下面有一份同年六月份的上谕可以看出讷苏肯的工作能力和乾隆对他的态度：

"据海明等奏称，讷苏肯带领官兵由乌鲁木齐将马一千三百匹妥办送至喀什噶尔、叶尔羌、阿克苏，查验分给阿克苏马四百匹，俱有膘壮三四分，照数收讫。除讷苏肯受恩深重无庸另行邀恩外，其余官员请照例议叙，兵丁等赏赉。至解送马匹之原任御史观成系效力赎罪之员、应仍照上年之例无庸议叙等语，著照海明等所奏。讷苏肯、观成不必议叙外，其余官员等照例议叙，兵丁等酌量奖赏。"

俗话说，有功当赏，有过则罚。讷苏肯带领官兵立功了，他没有赏，因为身为外戚受恩深重，皇帝认为再赏赐也没多大意思了；而另外一个人也没赏，那就是戴罪立功的御史观成。除了他们两位，其他人统统有赏。

再看乾隆三十年（1765 年）闰二月，乾隆和继后出现矛盾了，讷苏肯又立功了，他反而要议叙，赏！

只可惜即便乾隆优待讷苏肯，最后和继后还是决裂了，事到如今便是，不严厉不足以显示天子尊严。乾隆三十一年（1766

年）那拉氏薨逝后，惩罚也来了，继后整个母族皆被牵累——当初被抬入正黄旗的原镶蓝旗满洲都统第三参领所属第一佐领，被拨回了原旗，而且失去了建朝以来就开始的世袭待遇，改为中公佐领。

人都说，一荣俱荣，一损俱损。可是对于继后的母家来说可不是这样简单，最可怜的是和那拉氏有着同族关系的、镶蓝旗第三管理第九佐领永宁，当初蒙恩抬旗的时候并没有他的份儿，现在出事了却一起跟着倒霉，也被改为了中公佐领。好好的世袭之位就这样没了。

乾隆三十年（1765 年）五月，继后那拉氏被收回一切册宝的时候，讷苏肯同时也以罪削爵，乾隆命副都统伊勒图前往雅尔更换其职。但是乾隆的内心是矛盾的，毕竟培养了这么些年，如今也算是得力之臣了，就这样一朝舍弃，还真有一时掣肘的感觉。

于是同年六月份，乾隆又发了第一道上谕，"前谕伊勒图往雅尔更换讷苏肯，今伊犁大员甚少，著暂留办事，俟明瑞回时再行前往。"

此时身为塔尔巴哈台参赞大臣的讷苏肯感激涕零，于六月二十四日上了一道折子："奏因皇后擅自剃发欲意出家颁谕削侯爵留任而谢恩。"

对此，乾隆没有批复，因为他知道这件事情还远远没有结束，留着他是因为多少还是个可用之人。到了乾隆三十一年（1766 年）六月，继后处于弥留之际的时候，讷苏肯也被降为了三等侍卫，由乌什大臣差遣委用。

　　他最后一次出现在我们的视线当中，是在乾隆三十八年（1773 年）六月份，已经是蓝翎侍卫的讷苏肯在领队大臣富德的领导下，带领着若干兵丁朝着四川赶去。

　　前路漫漫，愿天府之国的绵绵雨露可以滋润他那颗历经世事沧桑的心，不再流浪，不再彷徨。

第四十五章　默立储君

时光如白驹过隙，转眼间已是乾隆三十八年（1773 年），这一年乾隆做了一件大事，就是默立十五阿哥永琰为储君。谕旨两份，一份封在"正大光明"匾额后的匣子里，一份由他自己贴身保管，可见谨慎。

乾隆的立储之路，可以说是走得崎岖。清朝自建立以来对中原文化充满向往，特别是承袭已久的"立嗣以嫡不立长，立嫡以长不以贤"，公开立储的皇位继承制，对他们更具有非同寻常的意义。

比如康熙当年册立嫡长子允礽为皇太子的时候，就明显流露出了立嫡立长的储君思想，就像他在诏书中所说的那样："自古帝王继天立极，抚御寰区，必建立元储，懋隆国本，以绵宗社无疆之休。嫡子允礽，日表英奇，天资粹美……"

只可惜事与愿违，嫡子允礽的表现却不贤，经历两立两废的波折后最终让皇四子胤禛取得了最后的胜利，即雍正皇帝。雍正此人办事直接，更倾向于立贤，吸取前人的经验教训以秘密建储的方式册立乾隆为皇储。

乾隆非嫡非长，身为秘密立储制的受益人，却对立嫡立长有着浓重的情结，企求拥有"先人不能获之福"。于是采用折中的办法，乾隆元年就将他和孝贤皇后所生嫡子永琏秘立为皇储，亲书其名封存在了乾清宫的"正大光明"匾额之后。

或许有些事情确实非人力可以强求，仅仅过了两年，9 岁的永琏就不幸病逝了，万般无奈之下，乾隆只好以皇太子的礼仪将其厚葬。在一片怅惘的情绪中，乾隆十一年（1746 年）第二位嫡子永琮出生了，乾隆仿佛又看到希望的光芒，只待其年龄稍长一些就定位皇太子。然而这位嫡子的命运更为糟糕，不到两周岁就因为天花夭折了。

这样的打击对于乾隆是深重的，他甚至怀疑这是神圣的天意使然，就像他在诏书中所言："本朝自世祖章皇帝以至朕躬，皆未有以元后正嫡绍承大统者，似者竟成家法……朕立意私庆，必欲以嫡子承统，行先人所未行之事……此乃朕过耶？"

如果说，嫡长子永琏的早逝带给乾隆的是悲伤，那么第二个嫡子永琮的夭亡给他带来就是绝望了。谁曾想祸事连连，紧接着就是孝贤皇后的病亡，乾隆的理想彻底破灭。

在乾隆写给孝贤皇后的《述悲赋》中，很明显地流露出失嫡的苦痛心情："嗟予命之不辰，痛元嫡之连弃。致黯然以内伤，遂邈尔而长逝。"

此时的乾隆似乎有点失去理智，将绝嫡的痛苦以飙风般的猛烈发泄了出来，朝野上下掀起了巨大的波澜。

按理说，立嫡的可能性没有了，接下来就该是立长。但是深陷痛苦之中的乾隆像守护绝世的明珠一般，不允许任何人接近这块禁地。自然，常理中的第二序位"继承人"，皇长子永璜便在他心目中成了百般不对，怎样看都碍眼的那个人。

于是，他借着大阿哥在孝贤皇后的葬礼中不够悲伤的由头，挥舞着不孝的大棒将其大骂："以彼之愚见，必谓母后崩逝，弟兄之内唯彼居长，日后除彼之外，谁克肩承重器？"

在乾隆的雷霆之怒下，牵牵绊绊连三阿哥永璋也给骂了，说是先前还以为你是个可望之才，现在看来出息不大等。总而言之，乾隆认为"此二人断不可承大统"。

可怜两位皇子，就因为年龄比其他皇子大一些，便无端受来如此奇祸，在郁闷和恐慌的心情下先后离开人世。

此后过去很多年，乾隆和继后那拉氏生下了皇十二子永璂。

虽然那拉氏不是元后，但是在元后孝贤没有子嗣留下的情况下，永璂便是身份最为尊贵的"嫡子"。

乾隆对此是欣喜若狂的，又是写诗又是和朝臣分享幸福。显然，他已经将其视为了国家社稷之喜庆。但是，谁也没有想到永璂的锦绣前程在那拉氏断发之后，一切随风飘散。

在立嫡立长都没有指望的情况下，乾隆却也不故步自封，转而考虑立贤。在这一点上，愉贵妃珂里叶特氏所生的五阿哥永琪，自小爱习射，满文、汉文都非常娴熟，受到了乾隆的重视，准备立为储君。

很遗憾，乾隆三十一年（1766 年），刚被封为荣亲王仅 4 个月的永琪，撒手死去，真真令人扼腕！

但是既然立贤的主意打定，乾隆就要在剩下的一堆皇子中进行选择了。我们现在对乾隆三十八年（1773 年）以前的皇子状况进行一番梳理，他们分别是：

皇四子永珹，生母淑嘉皇贵妃金佳氏。乾隆二十八年（1763 年）出继给履懿亲王允祹为嗣，被封为履郡王；

皇六子永瑢，生母纯惠皇贵妃苏佳氏。乾隆二十四年（1759 年）出继给慎靖郡王允禧为孙，袭了贝勒；

上面这两位显然是没有希望了，咱们继续往下：

皇八子永璇，生母淑嘉皇贵妃金佳氏。虽然他的年龄居长，但是在当学生的时候就因为调皮顽劣、屡次旷课遭到乾隆训斥，认为他不自重。

长大后的永璇依然不改散漫不羁的性格，喜好喝酒玩乐，即便是和各位皇子领了皇差，也敢趁机开溜。另外，永璇还有足疾的毛病无形中影响了形象，这个缺憾明显是喜欢完美的乾隆所不能接受的。

皇十一子永瑆，也是淑嘉皇贵妃所出，前面我们就介绍过他因为附庸风雅，擅取别号"镜泉"被乾隆默默除名的事情。或许是受了打击的缘故，后期的永瑆性格大变，吝啬无比，可怜堂堂傅恒大学士之女带了丰厚的嫁妆与他做福晋，被管制的一天只能喝点稀粥度日，如此这般还有什么前途可言？

另外皇十二子永璂也不必再说了，在皇宫这座硕大的精神囚笼中，他的生命结束于乾隆四十一年（1776 年）正月二十八日，年仅25 岁。

剩下的两个皇子，皇十五子永琰和皇十七子永璘，他们两个都是令皇贵妃所出，乾隆现在要做的就是在这两个可选皇子中择一即可。

关于永琰的表现，官方史书中记载的全是光辉灿烂的正面形象，一如"生而神灵，天表奇伟"等，都是溢美之词。其实好与坏事比较而言的，现在我们就看看十七子永璘都有哪些不合格的地方。

首先他皮肤黧黑体态偏肥胖，其次不爱读书爱玩乐，闲暇时喜欢玩玩音乐艺术之类。关键是这个幺子小小年纪就流连烟花柳巷之地，这就让乾隆深深厌恶了。

不过他有一个绝大的好处，就是脾气性格都好，对于不属于自己的东西绝对不会强求。曾经有人戏谑让永璘也去争取储君的位置，他听了却自嘲道："始皇帝多如雨落，亦不能滴到顶上。唯求诸兄见怜，将和珅邸赐居，则吾愿足矣！"

对于任何一个皇帝而言，竞争对手愿意放弃，就没有什么事情是不可以商量的。果然，日后嘉庆当家作主了，当真把大贪官和珅的豪宅赐给了他的这位弟弟。

最终，十五阿哥永琰成为了最大的赢家。

即便是默定了储君，乾隆的内心也是不安宁，这种心情在乾隆四十三年（1778 年）针对秀才金从善上书立储的上谕中体现的明明白白：

"朕登极之初。恪遵家法。以皇次子为孝贤皇后所出。人亦贵重端良。曾书其名。立为皇太子。亦藏于正大光明扁内。未几薨逝。因追谥为端慧皇太子。其旨亦即彻去。不复再立。且皇七子亦皇后所出。又复逾年悼殇。若以次序论。则当及于皇长子。

既弗克永年。而以才质论。则当及于皇五子。亦旋因病逝。"

　　身为一国君主，他又何尝不希望大清江山后继有人，一代更比一代强呢？只是天不遂人愿，无论是立嫡、立长、立贤，他所中意的储君一个接着一个先后离世。只是，这其中的因果一半是天意，一半也是人为了。

　　对于现在的储君，乾隆甚至做好了随时更替的思想准备，不同的是，他将此权利交给了冥冥之中不可捉摸的上天，而且不惜在上谕中坦陈，"是年冬至南郊大祀。即令诸皇子在坛侍仪观礼。朕曾以所定皇子之名。默祷上帝。以所定之子若贤。能承大清基业。则祈昊苍眷佑。俾得有成。苦其人弗克负荷。则速夺其算。毋误国家重大之任。予亦可另行选择"。

第四十六章　中宫虚位

　　自乾隆三十一年（1766 年）七月十四日那拉氏薨逝后，令皇贵妃主持了后宫事务，即便是皇十五子永琰被默立为储君，乾隆依然是由着中宫虚位，不曾册立皇后。

　　乾隆四十年（1775 年）正月，49 岁的令皇贵妃薨逝，棺椁安置在裕陵地宫孝贤皇后的东侧，死生相随。

　　"旧日玉成侣，依然身旁陪。"在乾隆的眼里，这个举手投足都像极了孝贤皇后的人，这里应该是她的归宿。然而，做了一辈子影子的魏氏，因此取得了别的女子不可能拥有的成功，这是她的幸，还是不幸呢？

　　乾隆给她的谥号，令懿皇贵妃。美则美矣，到底，他不肯让她做自己的皇后。

　　乾隆四十一年（1776 年）七月，留京办事大臣、大学士舒赫德接到到一份"都察院役满吏员严譜"的书面请求，大意是"请议立正宫"。

　　话说，这都察院都察院吏员，用现在的话说，他不过是清代监察衙门的普通文员，只有 5 年的合同期，之后如果没有考上国家公务员入了编制，就必须另谋出路了。而上书的严譜显然是想利用此事投机，期待着因此获取个锦绣前程，可惜这位幼稚的老书生从来不晓得其中的利害关系。

　　舒赫德接到报告后，凭直觉知道这是一件很严重的事情，而且此君所书大部分是一些没有实际内容的道听途说，一刻也不敢怠慢，立刻上奏皇帝。

　　关键是，这份书折中涉及了乾隆和已故那拉皇后的旧事，严譜用充满想象的语言描写："纳拉皇后贤美节烈。多蒙宠爱，见皇上年过五十，国事纷繁，若仍如前宠幸，恐非善养龙体，是以故加挺触轻生。"

　　在他的笔下那拉皇后之死，是因为担心皇帝过于宠幸有伤龙体，才想了个惹怒皇帝的高招求死——在等级森严的封建社会，一个不得志的穷书生公然上书议论皇帝的私生活，这真真是大逆不道。

　　也难怪乾隆暴怒，要将严譜交与九卿三法司严审了。在他看来，以严譜这样的微贱莠民，居然能够准确得知皇后的姓氏，一定有人在私下里传播，必须严查到底。

　　为了得到所谓的真相，乾隆特别下了一道上谕，要求审讯严譜不必过用重刑，免得逼供致死。

　　大家试想，一个手无缚鸡之力的书生怎么经得起这样的折磨？很快，严譜就说出了一切。

原来，他是山西高平人，犯案的这一年已经 45 岁了，家中妻儿均已亡故，乾隆二十五年（1760 年）在都察院做过书吏，期满后以代别人写账生活，现在住在崇文门外万春杂货店。眼见在京城待了这么多年也没有结果，就打算缴还执照回乡。

临走之际，"今吏见天下之英才济济，自愧庸愚少学，业已无志功名……但念二十年来受职荣身之恩未尝有报，心实不宁，兹略进片言以酬圣德……"

说白了还是不想走，于是就写了这么个劳什子跑到大学士舒赫德门外，博取未来去了。

关于那些备受乾隆重视的宫闱秘事，严譜是这样说的："三十年皇上南巡在江南路上，先送皇后回京。我那时在山西本籍，即闻得有此事。人家都说皇上在江南要立一个妃子，纳皇后不依，因此抵触将头发剪去。这个话，说的人很多，如今十来年，我哪里记得是谁说的呢？后来三十三年进京，又知道有御史因皇后身故不曾颁，将礼部参奏，致被发遣。"

总之，该说的都说了，这件事情好在没有牵连旁人，因此乾隆也只能悻悻然道："种种荒唐悖诞，敢于污蔑朕躬，实堪发指。"然后，将严譜一个人斩立决结案。

其实别人有没有污蔑他，也只有乾隆自己知道内情了，外人谁也不好揣测。不过从朝野上下的舆论来看，大家对那拉氏普遍呈同情态度，也难怪九五之尊的皇帝要生气。

谁也没想到，刚刚过了两年，比严譜更厉害的人出现了，这个人叫作金从善，关于此人前文已作表述，这里不再多说。只是这次乾隆给了众人一个说法，他在上谕中是这么说的：

"乾隆十三年。孝贤皇后崩逝时。因那拉氏、本系朕青宫时。皇考所赐之侧室福晋。位次相当。遂奏闻圣母皇太后。册为皇贵妃、摄六宫事。又越三年。乃册立为后。其后自获过愆。朕仍优容如故。乃至自行翦发。则国俗所最忌者。而彼竟悍然不顾。然朕犹曲予包含。不行废斥。后因病薨逝。衹令减其仪文。并未降明旨。削其位号。朕处此事。实为仁至义尽。且其立也。循序而进。并非以爱选色升。及其后自蹈非理。更非因色衰爱弛。况自此不复继立皇后。

朕心事光明正大如此。洵可上对天祖。下对臣民。天下后世。又何从訾议乎。该逆犯乃欲朕下罪己之诏。朕有何罪而当下诏自责乎。逆犯又请复立后。朕春秋六十有八。岂有复册中宫之理。况现在妃嫔中。既无克当斯位之人。若别为选立。则在朝满洲大臣。及蒙古扎萨克诸王公。皆朕儿孙辈行。其女更属卑幼。岂可与朕相匹而膺尊号乎。此更可笑。不足论矣。"

乾隆这次很直白地告诉众人，当初封那拉氏为后的原因是她身份资历足够，孝贤皇后当初撒手西去，也只有她位次相当匹配皇后之位。后来发生的种种，并非色衰爱弛的结果，实在是她擅自剪发触犯国俗自找的——至于原因，无可奉告！

乾隆也说，现在你们让我立后，一来我已经 68 岁了，没这个必要；二来后宫现有的嫔妃中，也没有人配得上皇后这个位置。如果另行选立，只有在八旗中进行选秀，可是你看看现在的亲贵王公，他们的年纪和我的儿孙差不多，可想而知他们的女儿才多大？

从这些小女孩中选择一人做皇后，简直就是笑话！

参考资料：

1.《清代文字狱档》辑录的《舒赫德等奏连日严审严谱情形折》

2.《清实录乾隆朝实录》

第四十七章　颙琰登基

　　白衣苍狗变浮云，千古功名一聚尘。很快到了乾隆六十年，这一年似乎有些不太平，先是正月初一发生了日食，紧接着元宵佳节的晚上又发生了月食，这让信奉天命的乾隆感到异常不安，仿佛上天在预示着什么。

　　安然度过了一春一夏之后，85岁的老皇帝终于决定在九月初三这一天，公告天下皇太子人选。

　　这一日，秋高气爽，皇子皇孙和王公大臣们早早来到了圆明园的勤政殿。在众人的见证之下，早于乾隆三十八年（1773年）封存的密旨被打开了，果然是立皇十五子永琰为皇太子。

　　整整60年，乾隆可以说是为自己的执政生涯画上了一个圆满的句号。志得意满之际，乾隆又宣布了几件事，其一，皇太子名讳中的"永"改为"颙"，即日移居大内毓庆宫；其二，明年开始为嗣皇帝嘉庆元年；其三，追谥皇太子生母令懿皇贵妃魏佳氏为孝仪皇后，升奉先殿，位列孝贤皇后之后；其四，朕以太上皇的身份继续训政。

很明显，乾隆这是退位不让权的举动。怪只怪他自己有言在先，执政时间不超过圣祖康熙皇帝，期限到了不得已。皇太子颙琰现在要做的只是小心谨慎，直到自己顺利接班为止。

于是，颙琰第二天就和皇阿玛说，自己受封皇太子后诚惶诚恐，战战兢兢，希望改元归政的日子暂且停止，自己还想多做一段时间的太子，以便早晚问安的时候随时向父皇请教。紧接着一干王公大臣们也跟着上书挽留劝谏，恳求乾隆皇帝顺应天下万民之心。

最后，君臣商榷的结果是对外用嘉庆年号，对内用乾隆年号，如此皆大欢喜。

终于到了归政传位的日子，嘉庆元年（1796年）元旦这一天，太和殿前，齐聚王公大臣、文武百官以及朝鲜、安南等属国的使臣们。随着吉时的到来，乾隆乘舆、颙琰身穿皇太子冠服紧随其后而来。

随着中和韶乐元平之章的乐曲声响起，乾隆端坐于宝座之上，阶下霹雳一般的鸣鞭之声共响了三次，然后是丹陛大乐。皇太子颙琰向西站着，由礼部官员引至殿中拜位；之后鼓乐齐鸣，文武百官全部跪伏，听宣表官宣读了传位诏书。

当颙琰由大学士阿桂等人引导跪伏在乾隆宝座之前，由阿贵从御座左边的香案上请出玉玺跪奉到乾隆手中的时候，按照既定流程，乾隆应当亲手把这方象征权力的"皇帝之宝"交到颙琰手中，代表权力的交接顺利完成。

然而乾隆捧着"皇帝之宝"失神了，凝视良久，似乎忘记了跪在脚下的皇太子，忘记了在场的各国使节和王公大臣们。最后，还是自己回过味的乾隆，将"皇帝大宝"亲手交给了自己的儿子。

嗣皇帝颙琰跪受之后，率领着众臣向乾隆行了三跪九叩大礼。阶下再次响起三声霹雳一般的鸣鞭声，中和韶乐和平之章的乐曲声中，恭送太上皇起驾还宫了。至此，禅位大典完成。

禅位之后，乾隆照样训政，嘉庆且在一旁学习着，这个不需多说。但是总体而说，乾隆认为自己的使命完成了，清明时节，他带领着新皇帝到东陵向列祖列宗们祭祀皆告慰去了。之后，他们再到裕陵拜祭孝贤皇后和孝仪皇后的在天之灵。

对于乾隆而言，首要的任务肯定是缅怀天上人间分离了48年的孝贤皇后，之后才是嘉庆皇帝的生母孝仪皇后，为此他写了一首诗以表心情：

> 吉地临旋眸，种松茂入云。
> 暮春中浣忆，四十八年分。
> 携叩新皇帝，酹觞太上君。
> 母应以子贵，名正顺言欣。

原来，乾隆要给嘉庆母子一个名正言顺的结局，只是不知，这个意念是从何而起？如果是继后断发之前，那便是有意的局；如果是之后，那便是她自己的选择了，后来所有的一切只是顺理成章。

到底，在乾隆的心目中，孝仪皇后魏佳氏永远是孝贤皇后的附属品，这一点他永远都不需要掩饰。甚至在孝仪皇后的追封典礼上，都要思索再三——本来颙琰登基，母以子贵尊荣无限，礼仪齐备才是。

可是乾隆不这么认为，特别交代："孝仪皇后神牌升祔奉先殿，前期告祭天、地、太庙一事，亦未免失当。孝仪皇后乃朕因系嗣皇帝之母恩旨册赠，止应于奉先殿祭告。若因此而举行天地庙祀大典，转邻于渎。已著不必举行。"

归根结底，这一切只是他看在儿皇帝面上给予的赏赐，她永远不是他心目中的皇后，当然配不上祭告天、地和太庙了。若是孝仪皇后地下有知，不知是悲，还是喜呢？

反观那拉氏，如果她的当初不是那么决绝，这一切原本不该发生。在乾隆的心目中，从来也不曾认为她配不上皇后之位，尽管在爱情上她输给了孝贤皇后，可是所有的错仅仅是她比她先到，这对于重情的皇帝来说是至关重要的。然而数千年来，又有哪一位后宫女子得到了纯粹的爱情呢？

至少，在乾隆的感情世界里，那拉皇后曾经是他的"新琴"，是他自己选择的结果，他的心里有她的位置。不要说退而求其次的感情，即便是青梅竹马、山盟海誓的爱情，又有几人能经得起时间的洗礼，岁月的蹉跎？

可是，当命运的火花碰撞的瞬间，她偏偏要自己选择一次，不管不顾地选择一次——普天之下莫非王土，率土之滨莫非王臣，一个女子刚烈如此，不顾一切地视君王如无物，他又怎能不恨她？

说到底，他们并非世间凡俗的夫妻呵，怎能如此率性而为？

为此，帝后双方都付出了沉重的代价。

现在想想，以孝仪皇后入宫时的身份之低微，以乾隆大恨大爱的性格，她能取得如此成功也着实不容易。最初，她仅仅是孝贤皇后宫里的一名普通宫女，却能讨得皇后欢心，学了规矩去伺候了皇帝；继后那拉氏执掌六宫，她也能小心谨慎，双方关系融洽；服侍皇帝，更是专宠连连，多年盘踞宠妃的位置，不断为皇帝添丁生子。

官方对于魏佳氏的记载，不外乎小心谨慎、柔顺等字眼，或许在专制君主的眼中，只觉其柔媚可爱。然而，这样的性格未免少了几分刚气，恰恰又是乾隆之后的清朝皇帝们所缺少的，对于运筹帷幄的一国之君来说，更是遗憾。

关于嘉庆帝颙琰其人，性格还是比较良善的，他在做皇子时，有一次路过十二阿哥永璂的陵墓，想起了前事不觉感慨万千，因此写了一首纪念性的诗篇：

> 远别人天已十年，夜台终古锁寒烟。
> 一生心血凭谁付，手泽长留在断篇。

> （十二兄手抄清语一本八千余句，乃生前日日晨玩
> 之书，今在予处敬谨收藏。）

> 风雨书窗忆旧情，还思听雨续三生。
> 弟兄十七萧疏甚，忍见长天雁阵横。
> （予弟兄十七人，今存五人矣！）

　　宫闱深处，像这样一个顾念手足情深的皇帝也确实难得，乾隆想必也是喜欢的。他对十五阿哥的选择，其实和唐朝时期李世民对李治的选择是一样的，乾隆是因为有感于几辈人为了皇帝之位的血腥争夺，后者是因为让他愧疚一生的玄武门之变。

　　无论是乾隆，还是李世民，他们都希望自己的子孙不再争端，可以相对和平地相处下去，后继之君只要安安稳稳地管理好一个太平盛世就好。

　　然而对于乾隆而言，当他禅位的时候起，康乾盛世远去的钟声便缓缓敲响。嘉庆在皇帝这个位置上如坐针毡，每日里不顾形象地穿着打了补丁的朝服办公，对于一个王朝而言并非好的预兆！

　　他勉为其难地做了一辈子平庸的老好人，面对列强的虎视眈眈、白莲教的兴起、水患的频发，束手无策！最后在忧虑的心情下闭了眼，将烂摊子交给了道光；而道光，甚至连内务府那干包衣奴才都对付不了……

　　道光之后是咸丰，然后八国联军来了，一把火烧了圆明园……

　　在美国的俄亥俄州克里夫兰博物馆，现存放着《心写治平》图，又称《乾隆帝后妃嫔图卷》。图卷为绢本设色，高度为 52.9公分，长度为 688.3 公分；展出时的文字说明为："乾隆元年（1736年）郎世宁等为乾隆皇帝和皇后、十一位妃嫔画的像"。

　　画卷由右向左展开，依次呈现了乾隆皇帝和孝贤皇后以及11 位妃嫔的半身画像，每个图像的右侧都附上榜题。乾隆皇帝画像的榜题为："乾隆元年八月吉日"，当为作画起始时间。

"画面上，乾隆头戴冬吉服冠，身着明黄五彩云金龙冬装龙袍，面目清秀，神采奕奕，风华正茂。从右至左依次为十二后妃，分别为孝贤纯皇后，贵妃、纯妃、嘉妃、令妃、舒妃、庆嫔、颖嫔、忻嫔、敦妃、顺妃、循嫔。"

这 12 后妃各穿朝服，神色相似，一水的端庄肃穆，温良谦恭让，细看却容颜各有千秋。从作画的时间和等级顺序看，那拉氏当时的位份是娴妃，应当在贵妃高氏之后，纯妃之前。然而整幅画卷上却找不到她的身影，应当是触怒皇帝后被裁剪掉了。

想来也是，这 12 名后妃如同星辰一般围绕在皇帝的身边，她们依附于他的光芒而闪耀。如烈日一般炙热的皇帝，怎么会容忍一个另类的存在呢？

只是可惜，这位个性迥异的皇后永远成为了一个谜，一个真正的千古之谜。

附录 相关人物表

母族

高祖父：辉发那拉·莽科，职务：满洲镶蓝旗骑都尉，兼佐领。

伯父：辉发那拉·罗多，职务：右卫护军参领。

父亲：辉发那拉·讷尔布，职务：镶蓝旗满洲第三参领第一佐领世管佐领。

母亲：郎佳氏。

哥哥：讷礼承袭其父世管佐领之职。

侄儿：讷苏肯，职务：乾清门三等侍卫、一等承恩侯、乌鲁木齐办事大臣、正红旗蒙古副都统，乾隆三十年（1765年）五月以罪削爵三等侍卫蓝翎侍卫。

皇室

婆婆：崇庆皇太后，钮祜禄氏。

丈夫：乾隆皇帝（爱新觉罗·弘历），康熙五十年（1711年）八月十三日出生，嘉庆四年（1799年）正月初六驾崩，终年89岁。

儿子：爱新觉罗·永璂，乾隆十七年（1752年）二月出生，系皇十二子。于乾隆四十一年（1776年）正月二十八日去世，嘉庆四年（1799年）三月追封为贝勒。

女儿：乾隆十八年（1753年）出生，系皇五女，幼殇未封。

儿子：爱新觉罗·永璟，乾隆二十年（1755年）十二月出生，系皇十三子，于乾隆二十二年（1757年）七月早殇，不满两岁。

后宫

孝贤皇后富察氏：乾隆第一任皇后，康熙五十一年（1712年）出生，乾隆十三年（1748年）三月十一日东巡崩逝，年37岁。谥号，孝贤诚正淳穆仁惠徽恭康顺辅天昌圣纯皇后。

孝仪皇后魏佳氏：内管领清泰之女、嘉庆皇帝生母，正黄旗包衣管领下人出身，后抬入镶黄旗。雍正五年（1800年）出生，乾隆四十年（1775年）正月二十九日薨逝，谥号令懿皇贵妃；嘉庆登基追谥为皇后，谥孝仪恭顺康裕慈仁端恪敏哲翼天毓圣纯皇后。

慧贤皇贵妃高佳氏：大学士高斌之女，内务府包衣下人出身，后抬入满洲镶黄旗，改为高佳氏。和那拉氏同为王府侧福晋，乾隆二年（1737年）册封为贵妃，乾隆十年（1745年）正月二十六日薨逝，追谥慧贤皇贵妃。

哲悯皇贵妃富察氏：佐领翁国图之女，皇长子永璜生母，和那拉氏同在王府，雍正十三年（1735年）七月初三去世。乾隆元年（1736年）追封为哲妃，乾隆十年（1745年）正月封皇贵妃，四月追谥哲悯皇贵妃。

淑嘉皇贵妃金佳氏：上驷院卿三保之女，哥哥吏部尚书金简，正黄旗包衣，初隶内务府汉军旗，赐姓金佳氏。乾隆二年（1737年）册封为嘉嫔，后累晋为贵妃，乾隆二十年（1755年）正月十六离世，追谥淑嘉皇贵妃。

纯惠皇贵妃苏佳氏：康熙五十二年（1713年）五月出生，雍正年间进入弘历王府，乾隆二年（1737年）册封为纯妃，后累晋为贵妃；乾隆二十五年（1760年）四月晋封为皇贵妃，同月十九日薨逝，追谥纯惠皇贵妃。后那拉皇后丧仪降一等，葬在了纯惠皇贵妃裕陵妃园寝的东侧。

庆恭皇贵妃陆氏：雍正二年（1724年）出生，乾隆初为贵人，后累晋封为贵妃，于乾隆三十九年（1774年）七月去世。因嘉庆帝幼年为其抚养，后嘉庆四年（1799年）追谥为庆恭皇贵妃。

愉贵妃珂里叶特氏：皇五子永琪生母。出生于康熙五十三年（1714年）五月，于雍正年间进入弘历亲王府，乾隆初年为贵人，后累晋封为妃，于乾隆五十七年（1792年）离世。

忻贵妃戴佳氏：满洲镶黄旗人，总督那苏图之女。乾隆十八年（1753年）入宫，第二年封为忻嫔，乾隆二十八年（1763年）晋封为忻妃，连生两名皇女均夭折，本人亦于乾隆二十九年（1764年）去世。

　　容妃和卓氏：传说中的香妃，出生于雍正十二年（1734年）九月，于乾隆四十三年（1778年）四月十九日去世。乾隆二十五年（1760年）入宫，曾在继后那拉氏手下学规矩，后被封为和贵人，累封为容妃。

　　芳妃陈氏：来自江南。乾隆三十一年（1766年）册封为明常在，乾隆四十年（1775年）晋封明贵人，乾隆五十九年（1794年）晋为芳嫔，嘉庆三年（1798年）奉太上皇赦旨，尊为芳妃。

图书在版编目（CIP）数据

皇后那拉氏：走进真实历史上的"如懿"/菩提子著.—北京：
中国华侨出版社，2017.7
　ISBN 978-7-5113-6890-4

　Ⅰ.①皇…　Ⅱ.①菩…　Ⅲ.①乌拉那拉氏·如懿—传记
Ⅳ.①K827=49

　中国版本图书馆CIP数据核字（2017）第139568号

皇后那拉氏：走进真实历史上的"如懿"

著　　者 / 菩提子

责任编辑 / 桑梦娟

责任校对 / 高晓华

经　　销 / 新华书店

开　　本 / 670毫米×960毫米　1/16　印张/17　字数/237千字

印　　刷 / 三河市华润印刷有限公司

版　　次 / 2017年8月第1版　2017年8月第1次印刷

书　　号 / ISBN 978-7-5113-6890-4

定　　价 / 35.00元

中国华侨出版社　北京市朝阳区静安里26号通成达大厦3层　邮编：100028

法律顾问：陈鹰律师事务所

编辑部：（010）64443056　　64443979

发行部：（010）64443051　　传真：（010）64439708

网　　址：www.oveaschin.com

E-mail：oveaschin@sina.com